Noam Chomsky: Thesen
Herman Parret: Interview

Fischer Athenäum Taschenbücher
Sprachwissenschaft

Noam Chomsky

Thesen zur Theorie der generativen Grammatik

Mit einem Interview
von Herman Parret

Athenäum Fischer Taschenbuch Verlag

Athenäum Fischer Taschenbuch Verlag GmbH & Co., Frankfurt am Main

Titel der englischen Originalausgabe
Topics in the Theory of Generative Grammar, Mouton 1966

Das englische Original des Interviews mit Noam Chomsky stammt aus dem Band
Discussing Language, ed. by Herman Parret, Mouton 1974, ©by Herman Parret
Umschlagentwurf Endrikat + Wenn
Satzherstellung Deutsche Flugplan Verlags-GmbH., Karben
Druck und Bindearbeit Clausen & Bosse, Leck (Schleswig)
Printed in Germany
ISBN 3-8072-2075-5

Inhaltsverzeichnis

I.

Noam Chomsky

Thesen zur Theorie der generativen Grammatik

Übersetzt von
Florian Coulmas und
Bernd Wiese

Vorwort der Übersetzer

Seit dem Jahre 1957, als Chomskys erste bedeutende Publikation *(Syntactic Structures)* eine Art ‚Revolution der Linguistik' auslöste, hat der Begriff ‚generative Grammatik' rasche Verbreitung gefunden. Chomskys allgemeine Sprachtheorie, die Theorie der generativen Transformationsgrammatik, bildet heute die wohl einflußreichste Richtung innerhalb der Linguistik und jeder Student der Sprachwissenschaften wird mit generativen Grammatiken (oder Teilen solcher Grammatiken) einzelner Sprachen bekannt gemacht. Und dennoch wird kaum ein Begriff so allgemein mißverstanden wie der der generativen Grammatik – trotz unablässig wiederholter Klarstellungen Chomskys.

Eine *generative* Grammatik zeichnet sich dadurch aus, daß sie ihr Ziel, die Beschreibung einer Sprache, vollständig und auf vollständig explizite und formalisierte Weise erreicht. Chomsky führt einmal als verdeutlichende Parallele eine Theorie der chemischen Bindungen an, deren Aufgabe die Beschreibung aller strukturell möglichen Verbindungen wäre (wie es die Aufgabe der Grammatik ist, alle Sätze einer bestimmten Sprache zu beschreiben). Man kann dann davon sprechen, daß diese chemische Theorie alle Verbindungen generiert (so wie die Grammatik alle Sätze generiert). Es kommt also erstens darauf an zu erkennen, daß eine *generative Grammatik* keinesfalls mit einem Modell der Sprachhervorbringung gleichzusetzen ist. Eine generative Grammatik stellt das System einer Sprache dar und verhält sich damit neutral in bezug auf Sprachhervorbringung und Spracherkennung. Zweitens ist es wichtig zu bemerken, daß die spezifischen Charakteristika der Vorschläge Chomskys zur allgemeinen Sprachtheorie so wie zur Konstruktion besonderer Grammatiken durch den Terminus ‚generativ' allein noch nicht erfaßt sind. Tatsächlich hat Chomsky die Theorie der *generativen* Phrasenstrukturgrammatik als formalisierte Zusammenfassung all der Theorien der modernen strukturalistischen Grammatiktheorie vorgeschlagen, deren Unzulänglichkeit er beweisen möchte. In Absetzung von dieser von ihm so genannten taxonomischen Linguistik entwickelte er seine *Theorie der generativen Transformationsgrammatik*, deren zentrales Motiv die Erklärung der menschlichen Sprachfähigkeit ist.

Das vorliegende Buch verdankt seine Entstehung vier Vorlesungen, die Chomsky 1964 an der Indiana University gehalten hat. Zu diesem Zeitpunkt befand sich die Diskussion um die ‚Syntactic Structures' bereits in einem weit vorangeschrittenen Stadium. Die ausgereifte und entfaltete, in vielen Punkten modifizierte und verbesserte Version seiner Theorie, die von Chomsky in ‚Aspekte der Syntax-Theorie' dargestellt wird, war jedoch noch nicht veröffentlicht. Dieses Buch, das heute als Standardversion der Chomskyschen Theorie gilt, befand sich zu der Zeit, in der auch die den ‚Thesen' zugrundeliegenden Vorlesungen entstanden, in Vorbereitung. Chomsky hatte die Notwendigkeit einer Erweiterung der ersten Fassung seiner Theorie, deren Unzulänglichkeiten mittlerweile deutlich zu Tage getreten waren, erkannt. Diese Erkenntnis findet ihren Niederschlag auch in den ‚Thesen'. In ihnen wird nicht nur der damalige Stand der Grammatikforschung reflektiert, sondern auch ihre Entwicklung. Den Schwerpunkt der Darstellung der theoretischen und methodologischen Voraussetzungen der generativen Grammatik, die unter weitgehendem Verzicht auf die Erörterung formaler Details durchgeführt wird, bildet die Diskussion der gegen sie vorgebrachten Kritik. Da diese sich vorwiegend auf die Version von 1957 bezieht, stellen die ‚Thesen' sozusagen ein Bindeglied zwischen den beiden genannten Arbeiten dar, wodurch dieses Buch und mit ihm andere auf dem Gebiet durchgeführte Arbeiten in einen wissenschaftstheoretischen Zusammenhang gestellt werden.

Die Veröffentlichung der Chomskyschen Theorie hatte eine tiefgreifende Wirkung auf die Linguistik. Zu Beginn der durch sie ausgelösten Diskussion hatte es den Anschein, als würde die taxonomische Linguistik durch die hochschlagenden Wellen der generativen Euphorie hinweggeschwemmt. Heute stellen wir jedoch fest, daß sie noch immer aktiv an der Diskussion um die richtige Konstruktion der Grammatik sowie der sie begründenden Sprachtheorie beteiligt ist. Mit den ‚Thesen' wird ein Dokument dieser Kontroverse vorgelegt.

Dem deutschen Leser werden hier also weniger neue Forschungsergebnisse dargeboten, als vielmehr eine relativ leichtverständliche Zusammenfassung der Theorie der generativen Transformationsgrammatik, wie sie von Chomsky vertreten wird, sowie eine Rechtfertigung dieser Therie und eine Erörterung der gegen sie vorgebrachten Kritik. Chomsky setzt keinen Schlußpunkt unter die Auseinandersetzung, obwohl aus seinem für den deutschen Leser häufig übermäßig polemisch anmutenden, in wissenschaftlichen

Veröffentlichungen des angelsächsischen Raums aber nicht ungewöhnlichen Stil oft herausgelesen werden kann, daß er der Meinung ist, seine Kontrahenten aus dem Feld geschlagen zu haben. Die ‚Thesen' legen vielmehr ein beredtes Zeugnis dafür ab, daß „die Linguistik eine lebendige Wissenschaft (ist)."

Der leichteren Lesbarkeit wegen sind auch die im Text angeführten Zitate mitübersetzt worden. Da die Chomskysche Theorie auch beim deutschen Publikum schon weite Verbreitung gefunden hat, haben wir uns bei der Übersetzung weitgehend an der Terminologie der autorisierten Übertragung von ‚Aspects of the Theory of Syntax' orientiert. Abschließend möchten wir Herrn Prof. Dr. Wunderlich für seine wertvollen Hinweise zur Übersetzung danken.

im Juni 1974

Florian Coulmas
Bernd Wiese

1. Annahmen und Ziele

Ursprünglich wollte ich diese Vorlesungen dazu verwenden, einige neuere Forschungen zur allgemeinen Sprachtheorie und zur Struktur des Englischen, innerhalb des allgemeinen Rahmens der generativen Transformationsgrammatik, vorzustellen. Eine Reihe von Veröffentlichungen der letzten Zeit hat jedoch gezeigt, daß viele Punkte, von denen ich gehofft hatte, sie würden als selbstverständlich betrachtet, weithin als kontrovers angesehen werden. Es haben sich dabei auch recht wesentliche Mißverständnisse des allgemeinen Rahmens, den voraussetzen zu können ich erwartet hatte, herausgestellt – insbesondere ein Mißverständnis darüber, welche Elemente dieses Rahmens inhaltliche Annahmen über das Wesen der Sprache ausdrücken und daher Gegenstand legitimer Kontroversen und rationaler Diskussion sind und welche Elemente andererseits sich nur auf Fragen nach den Zielen und Interessen beziehen und daher nicht mehr zur Debatte stehen als die Frage: ist Chemie richtig oder falsch? Angesichts dessen scheint es ratsam, meinen ursprünglichen Plan zu ändern und viel mehr Zeit auf Hintergrundannahmen und allgemeine Fragen verschiedener Art aufzuwenden, als ich zunächst vorhatte. Ich hoffe dennoch, daß es mir möglich sein wird, eine (sehr abgekürzte) Darstellung einiger neuerer Überlegungen mit hineinzunehmen, aber ich werde dazu langsamer, in den folgenden Schritten, hinzuführen:

(1) Erörterung genereller Hintergrundannahmen und Ziele, die einem großen Teil der Arbeit auf dem Gebiet der generativen Grammatik der letzten Jahrzehnte zugrunde liegen und sie motiviert haben;

(2) Erörterung verschiedener Einwände gegen diesen generellen Gesichtspunkt, die mir auf Irrtum, Mißverständnis oder Zweideutigkeit der einen oder anderen Art zu beruhen scheinen;

(3) Darstellung einer Theorie der generativen Grammatik der Art, wie sie z.B. in Noam Chomsky (1957), R. B. Lees (1960), M. Halle (1962), und J. Katz und J. Fodor (1963) exemplifiziert wurde;

(4) Erörterung verschiedener tatsächlicher Inadäquatheiten dieser Position, die sich im Laufe der Arbeit der letzten sechs Jahre herausgestellt haben;

(5) Skizzierung einer überarbeiteten und verbesserten Version dieser Theorie, die entworfen wurde, um diese Schwierigkeiten zu überwinden.

Ich werde versuchen, diese Punkte in den ersten drei Abschnitten abzuhandeln, wobei ich mich weitgehend auf die Syntax konzentriere. Abschnitt I befaßt sich mit dem ersten Punkt, Abschnitt II mit dem zweiten und Abschnitt III mit dem dritten, vierten und fünften.

Im Schlußabschnitt werde ich einen Ansatz zur Untersuchung der Lautstruktur erörtern, der seit Chomsky, Halle und F. Lukoff (1956) nach und nach entwickelt und in verschiedenen Entwicklungsstadien in den Veröffentlichungen von Halle und mir (die in der Bibliographie aufgeführt werden) dargestellt worden ist und sich hoffentlich bald in vollem Lichte zeigen wird, in einem Buch, das zur Zeit aktiv vorbereitet wird.* Im Laufe dieser Darstellung werde ich auch einige kritische Einwände gegen diesen Ansatz erörtern. Die Besprechung der Einwände wird jedoch kurz gehalten, da Halle und ich die meisten, so weit sie uns bekannt geworden sind, an anderer Stelle bis ins einzelne diskutiert haben.[1]

Im großen und ganzen enthält diese Abhandlung kein neues oder originales Material. Sie ist als ein informeller Führer zu anderen Büchern und Veröffentlichungen[2] zu verstehen, in denen die hier berührten Fragen gründlicher behandelt werden, und als Versuch, Probleme zu klären, die in kritischer Diskussion entstanden sind.

Im Laufe der Abhandlung werde ich auch einige Bemerkungen über die historischen Hintergründe der Position machen, die hier umrissen wird [3]. Eine ganze Reihe von Kommentatoren haben angenommen, daß die neuere Arbeit zur generativen Grammatik auf irgendeine Weise eine Nebenerscheinung des Interesses an der Verwendung von Computern zu dem einen oder anderen Zweck ist oder sonstige technische Motivation hat, oder daß sie vielleicht irgendeinen obskuren Zweig der Mathematik bildet. Diese Auffassung ist mir unverständlich, und sie ist auf jeden Fall völlig falsch. Viel scharfsichtiger sind jene Kritiker, die diese Forderung im großen und ganzen als eine Rückkehr zu den Anliegen und oft sogar den speziellen Doktrinen der traditionellen Sprachtheorie beschrieben haben. Dies ist richtig – anscheinend in einem Maße, wie es viele Kritiker nicht erkennen[4]. Ich stimme mit Ihnen nur insofern nicht überein, als ich diese Beobachtung nicht als Kritik, sondern als ein eindeutiges Verdienst dieser Arbeit betrachte. Mir scheint nämlich, daß die moderne Untersuchung der Sprache, die der generativen Grammatik voranging, ernsthafte Mängel aufwies, da sie unfähig war, die

* Gemeint ist: Noam Chomsky und Morris Halle, *The Sound Pattern Of English* (New York, Evanston, London, 1968) – Anm. d. Übers.

traditionellen Fragen zu behandeln, und außerdem die wesentliche Richtigkeit vieler traditioneller Lösungen und das Ausmaß, in dem sie eine fruchtbare Grundlage für die heutige Forschung liefern, nicht erkannte.

Zwischen dem, was der Sprecher über seine Sprache implizit weiß (wir können das seine *Sprachkompetenz* (competence) nennen), und dem, was er tut (seine *Sprachverwendung* (performance)), muß unterschieden werden. Eine Grammatik der traditionellen Sicht trägt der Sprachkompetenz Rechnung. Sie beschreibt die Fähigkeit des Sprechers, einen beliebigen Satz seiner Sprache zu verstehen und bei gegebenem Anlaß einen angemessenen Satz zu produzieren. Wenn es sich um eine Lehrgrammatik handelt, versucht sie dem Lernenden diese Fähigkeit zu vermitteln; wenn es eine linguistische Grammatik ist, zielt sie darauf ab, die Mechanismen zu entdecken und bloßzulegen, die diese Leistung ermöglichen. Die Kompetenz eines Sprecher-Hörers kann im idealen Falle als System von Regeln ausgedrückt werden, die Signale und semantische Interpretationen dieser Signale aufeinander beziehen. Die Aufgabe des Grammatikers besteht darin, dieses System von Regeln zu entdecken; die Aufgabe der Sprachtheorie besteht darin, die generellen Eigenschaften beliebiger Regelsysteme zu entdecken, die die Grundlage menschlicher Sprachen bilden können, d. h. im einzelnen herauszuarbeiten, was wir in traditioneller Ausdrucksweise die allgemeine *Sprachform* nennen können, die jeder besonderen Verwirklichung, jeder besonderen Sprache, zugrundeliegt.

Die Sprachverwendung liefert Material für die Erforschung der Sprachkompetenz. Gleichzeitig folgt aus einem vorrangigen Interesse an der Kompetenz keine Vernachlässigung der Fakten der Sprachverwendung und des Problems, diese Fakten zu erklären. Im Gegenteil, es ist schwer einzusehen, wie die Sprachverwendung anders ernsthaft untersucht werden könnte als auf der Basis einer expliziten Theorie der ihr zugrundeliegenden Sprachkompetenz, und tatsächlich sind Beiträge zum Verständnis der Sprachverwendung größtenteils Nebenprodukte der Untersuchung von Grammatiken gewesen, die die Sprachkompetenz darstellen.[5]

Zu bemerken ist übrigens, daß man sich der Regeln für die Interpretation von Sätzen der Sprache, die man beherrscht, meistens nicht bewußt ist; noch gibt es Grund anzunehmen, daß diese Regeln bewußt gemacht werden können. Es gibt ebenfalls keinen Grund für die Annahme, daß man sich auch nur der empirischen Konsequenzen dieser internalisierten Regeln voll bewußt sei – also der Art und Weise, in der aufgrund der Regeln der Sprache, die man beherrscht (und per definitionem perfekt beherrscht), Signalen semantische Interpretationen zugeordnet werden. Zu den Schwierigkeiten, sich der eigenen sprachlichen Intuitionen bewußt zu werden, siehe die Erörterung in Chomsky (1965: Kap. 1, §4). Es ist wichtig zu erkennen, daß hierin kein Paradox liegt; denn in der Tat war genau dies zu erwarten.

Die gegenwärtige Forschung zur generativen Grammatik hat sich diesen traditionellen Rahmen von Interessen und Anliegen zu eigen gemacht. Sie versucht jedoch auf grundlegende Weise über die traditionelle Grammatik hinauszugehen. Wie wiederholt betont wurde, bauen traditionelle Grammatiken wesentlich auf die Intelligenz des Lesers. Sie formulieren nicht die Regeln der Grammatik, sondern geben Beispiele und Hinweise, die den intelligenten Leser in die Lage versetzen, auf irgendeine und zwar völlig ungeklärte Weise die Grammatik herauszufinden. Sie liefern keine Analyse der faculté de langage', die diese Leistung ermöglicht. Um die Untersuchung der Sprache über ihre traditionellen Grenzen hinauszuführen, muß man diese Beschränkung erkennen und Mittel entwickeln, um sie zu überwinden. Auf dieses grundlegende Problem hat sich die gesamte Forschung zur generativen Grammatik gerichtet.

Der bemerkenswerteste Aspekt der Sprachkompetenz liegt in der, wie wir sagen können, ‚Kreativität der Sprache', d. h. der Fähigkeit des Sprechers, neue Sätze zu produzieren, die von anderen Sprechern sofort verstanden werden, obwohl sie keine physikalische Ähnlichkeit mit ‚vertrauten' Sätzen aufweisen. Die fundamentale Bedeutung dieses kreativen Aspekts des normalen Sprachgebrauchs war mindestens seit dem siebzehnten Jahrhundert bekannt und stand im Zentrum der allgemeinen Sprachwissenschaft Humboldts. Die moderne Linguistik hat es jedoch versäumt, dieses Hauptproblem in Angriff zu nehmen. Genau genommen ist es schon absurd von des Hörers ‚Vertrautheit mit Sätzen' zu sprechen. Der normale Gebrauch der Sprache beinhaltet die Hervorbringung und Interpretation von Sätzen, die früher gehörten Sätzen nur insofern ähnlich sind, als sie durch die gleichen Regeln der Grammatik generiert wurden; die einzigen Sätze, die in irgendeinem ernsthaften Sinn ‚vertraut' genannt werden können, sind Klischees oder feste Formeln der einen oder anderen Art. Dieser Umstand ist allgemein unterschätzt worden, selbst von jenen Linguisten (z.B. B. O. Jespersen), die dem Problem der Kreativität einige Aufmerksamkeit geschenkt haben. Dies geht deutlich hervor aus der üblichen Beschreibung des Sprachgebrauchs als einer Sache

‚grammatischer Gewohnheiten' (z.B. Jespersen (1924)). Es ist wichtig zu erkennen, daß in der Psychologie keine Bedeutung von ‚Gewohnheit' bekannt ist, nach der diese Charakterisierung der Sprache zuträfe (geradeso wie in der Psychologie oder der Philosophie kein Begriff von ‚Generalisierung' bekannt ist, der es uns erlaubte, neue Sätze im gewöhnlichen Sprachgebrauch als Generalisierungen vorhergehender Sprachverwendung zu charakterisieren). Die Vertrautheit damit, sich auf den normalen Sprachgebrauch als einer Sache der ‚Gewohnheit' oder als auf ‚Generalisierungen' beruhend zu beziehen, darf nicht gegen die Erkenntnis blind machen, daß diese Charakterisierungen schlicht unzutreffend sind, wenn man die Begriffe in irgendeinem technischen oder wohldefinierten Sinne verwendet, und daß sie nur als Metaphern akzeptiert werden können – höchst irreführende Metaphern, da sie dazu beitragen, den Linguisten bei dem völlig irrtümlichen Glauben zu beruhigen, das Problem, dem kreativen Aspekt des normalen Sprachgebrauchs Rechnung zu tragen, sei im Grunde kein sehr ernsthaftes.

Wir kehren nun zum Hauptthema zurück. Eine *generative Grammatik* (d.h. eine explizite Grammatik, die nicht auf die 'faculté de langage' des Lesers baut, sondern vielmehr versucht, die Mechanismen dieser Fähigkeit zusammenzustellen) ist ein System von Regeln, die Signale und semantische Interpretationen dieser Signale aufeinander beziehen. Sie ist *despriptiv adäquat* in dem Umfang wie diese Zuordnung der Kompetenz des idealisierten Sprecher-Hörers entspricht. Die Idealisierung liegt (insbesondere) darin, daß wir bei der Untersuchung der Sprache von den vielen anderen Faktoren absehen (z.B. Begrenztheit des Gedächtnisses, Zerstreutheit und Verwirrung, Verschiebung der Absicht im Verlauf des Sprechens, etc.), die mit der zugrundeliegenden Kompetenz zusammenwirken und die aktuelle Sprachverwendung hervorbringen.

Wenn eine generative Grammatik Signale und semantische Interpretationen einander zuordnet, dann muß die Theorie der generativen Grammatik eine allgemeine, einsprachunabhängige Methode bereit stellen, um die Signale und semantischen Interpretationen zu repräsentieren, die durch die Grammatiken einzelner Sprachen aufeinander bezogen werden. Diese Tatsache war seit den Anfängen einer Sprachtheorie bekannt, und die traditionelle Linguistik hat viele Versuche unternommen, Theorien einer universalen Phonetik und einer universalen Semantik zu entwickeln, die diese Forderung erfüllen könnten. Ohne ins einzelne zu gehen, glaube ich, daß man allgemein zustimmen wird, daß das allgemeine Problem einen universalen Phonetik ziemlich gut verstanden ist (und zwar seit mehreren Jahrhunderten), während die Probleme einer universalen Semantik immer noch in ihrem traditionellen Dunkel liegen. Wir besitzen einigermaßen vernünftige Techniken der phonetischen Repräsentation, die für alle bekannten Sprachen offenbar annähernd adäquat sind, obwohl es natürlich auf diesem Gebiet noch viel zu lernen gibt. Im Gegensatz dazu erscheinen die unmittelbaren Aussichten für eine universale Semantik bedeutend trüber, obwohl dies sicherlich kein Grund ist, die Bemühungen aufzugeben (gerade der gegenteilige Schluß sollte gezogen werden). Tatsächlich scheinen mir neuere Arbeiten von Katz, Fodor und Postal, auf die ich im dritten Abschnitt zurückkommen werde, neue und interessante Wege zu eröffnen, um diese traditionellen Fragen wieder aufzunehmen.

Die Tatsache, daß die universale Semantik sich in einem höchst unbefriedigendem Zustand befindet, bedeutet nicht, daß wir das Programm, Grammatiken zu konstruieren, die Signale und semantische Interpretationen gegenüberstellen, aufgeben müssen. Denn wenn auch nur wenig über einzelsprachunabhängige Systeme der semantischen Repräsentation gesagt werden kann, so ist doch recht viel bekannt über Bedingungen, die semantische Repräsentationen in Einzelfällen erfüllen müssen. Wir wollen nun den neutralen technischen Begriff der ‚syntaktischen Beschreibung' (syntactic description) einführen. Wir verstehen eine syntaktische Beschreibung als ein (abstraktes) Objekt bestimmter Art, das dem Satz zugeordnet ist und eindeutig sowohl seine semantische Interpretation (der Begriff wird unspezifiziert gelassen, bis es genauere Einsichten der semantischen Theorie gibt)[6] als auch seine phonetische Form determiniert. Eine besondere Sprachtheorie muß die Menge der syntaktischen Beschreibungen der Sätze einer natürlichen Sprache spezifizieren. Das Ausmaß, in dem diese syntaktischen Beschreibungen den Bedingungen gerecht werden, von denen wir wissen, daß sie auf die semantischen Interpretationen angewendet werden müssen, liefert einen Maßstab dafür, wie erfolgreich und ausgearbeitet die in Frage stehende Sprachtheorie ist. Mit dem Fortschreiten der Theorie der generativen Grammatik wurde auch der Begriff der syntaktischen Beschreibung geklärt und ausgeweitet. Ich werde unten einige jüngere Vorstellungen zu dem Problem besprechen, was genau die syntaktische Beschreibung eines Satzes konstituieren sollte, wenn die Theorie der generativen Grammatik deskriptiv adäquate Grammatiken liefern soll.

Man beachte, daß eine syntaktische Beschreibung (im folgenden SB) Informationen über einen Satz vermitteln kann, die über seine phonetische Form und seine semantische Interpretation hinausgehen. So sollten wir von einer deskriptiv adäquaten Grammatik des Englischen erwarten, daß sie die Tatsache wiedergibt, daß die Ausdrücke (1) bis (3) in einer Reihenfolge angeordnet sind, die dem ‚Grad der Abweichung' vom Englischen entspricht, ganz unabhängig von der Frage, wie ihnen (in den Fällen (2) und (3)) Interpretationen gegeben werden können.

(1)	the dog looks terrifying	/	der Hund sieht furchterregend aus
(2)	the dog looks barking	/	der Hund sieht bellend aus
(3)	the dog looks lamb	/	der Hund sieht Lamm aus

Eine generative Grammatik muß also mindestens die Zuordnung von Signalen und SBs bestimmen; und eine Theorie der generativen Grammatik muß eine generelle Charakterisierung der Klasse möglicher Signale (eine Theorie der phonetischen Repräsentation) und der Klasse möglicher SBs geben. Eine Grammatik ist deskriptiv adäquat in dem Maße, wie sie in verschiedener Hinsicht korrekt ist, insbesondere insoweit sie Signalen SBs zuordnet, die tatsächlich den empirisch gegebenen Bedingungen gerecht werden, denen ihre semantischen Interpretationen unterliegen. Wenn zum Beispiel zu einem Signal in einer bestimmten Sprache zwei semantische Interpretationen gehören (z.B. (4) und (5) im Englischen), so wird eine Grammatik dieser Sprache annähernd deskriptiv adäquat sein, wenn sie dem Satz zwei SBs zuordnet, und zwar adäquat in dem Maße, wie diese SBs auch den Grund der Ambiguität ausdrücken.

(4) they don't know how good meat tastes / sie wissen nicht, wie gut Fleisch schmeckt, bzw.: sie wissen nicht, wie gutes Fleisch schmeckt

(5) what disturbed John was being disregarded by everyone / was John irritierte, wurde von niemandem beachtet, bzw.: was John irritierte war, von niemandem beachtet zu werden

Im Fall (4) beispielsweise muß eine deskriptiv adäquate Grammatik nicht nur zwei SBs zuordnen, sondern muß dies auch auf eine Weise tun, daß in der einen die grammatischen Relationen von *good*, *meat* und *taste* sich wie in 'meat tastes good' verhalten, die in der anderen dagegen wie in 'meat which is good tastes Adjektiv' (wobei der Begriff ‚grammatische Relation' auf allgemeine Weise innerhalb der in Frage stehenden Sprachtheorie zu definieren ist), so daß dies die Grundlage für die alternativen semantischen Interpretationen bildet, die dem Satz zugeordnet werden können. Gleichermaßen muß sie im Fall (5) in der einen SB dem Paar *disregard-John* dieselbe grammatische Relation wie in 'everyone disregards John' zuordnen, während sie in der anderen genau diese Relation dem Paar *disredard-what (disturbed John)* zuordnen muß und *disregard-John* überhaupt keine semantisch relevante grammatische Relation zuordnen sollte. Dagegen sollte eine deskriptiv adäquate Grammatik in den Fällen (6) und (7) nur jeweils eine SB zuordnen. Diese SB sollte im Fall (6) anzeigen, daß *John* mit *incompetent* wie in 'John is incompetent' und mit *regard (as incompetent)* wie in 'everyone regards John as incompetent' verbunden ist. Im Fall (7) muß die SB anzeigen, daß *our* mit *regard (as incompetent)* wie *us* mit *regard (as incompetent)* in 'everyone regards us as incompetent' verbunden ist.

(6) what disturbed John was being regarded as incompetent by everyone. / was John irritierte war, daß er von jedermann als inkompetent betrachtet wurde.

(7) what disturbed John was our being regarded as incompetent by everyone. / was John irritierte war, daß wir von jedermann als inkompetent betrachtet wurden.

Gleichermaßen muß die Grammatik im Fall (8) vier verschiedene SBs zuordnen, deren jede ein System grammatischer Relationen spezifiziert, auf dem eine der verschiedenen semantischen Interpretationen des Satzes beruht:

(8) the police were ordered to stop drinking after midnight. / der Polizei wurde befohlen, nach Mitternacht aufzuhören zu trinken, bzw.: der Polizei wurde nach Mitternacht befohlen, aufzuhören zu trinken, bzw.: der Polizei wurde befohlen, das Trinken nach Mitternacht zu verhindern, bzw.: der Polizei wurde nach Mitternacht befohlen, das Trinken zu verhindern.

Beispiele dieser Art sollten genügen, um das Problem zu illustrieren, das darin besteht, deskriptiv adäquate Grammatiken zu konstruieren und eine Grammatiktheorie zu entwickeln, die in voller Allgemeinheit die Begriffe, die in diesen besonderen Grammatiken auftreten, analysiert und untersucht. Aufgrund unzähliger Beispiele dieser Art ist es ganz offensichtlich, daß die Bedingungen für semantische Interpretationen ausreichend klar und inhaltsreich sind, um das Problem der Definition des Begriffs ‚syntaktische Beschreibung' und der Entwicklung von deskriptiv adäquaten Grammatiken (bezogen auf diesen Begriff der SB) zu konkretisieren, ungeachtet der Tatsache, daß der Begriff ‚semantische Interpretation' selbst noch nicht weiter analysiert ist. Wir kommen auf einige jüngere Vorstellungen zur semantischen Interpretation von SBs in Abschnitt III zurück.

Wie gesagt, soll eine Grammatik Signale und SBs gegenüberstellen. Die SB, die einem Signal zugeordnet ist, muß die semantische Interpretation des Signals determinieren, auf eine Weise, deren Einzelheiten noch unklar sind. Darüberhinaus muß jede SB eindeutig das Signal determinieren, dessen SB sie ist (eindeutig, das heißt bis auf freie Variation). Die SB muß daher (i) eine semantische Interpretation determinieren, (ii) eine phonetische Interpretation determinieren. Wir wollen als ‚Tiefenstruktur eines Satzes' jenen Teil der SB determinieren, der seine semantische Interpretation determiniert, und als ‚Oberflächenstruktur eines Satzes' jenen Teil der SB, der seine phonetische Form determiniert. Eine Grammatik muß demnach aus drei Komponenten bestehen: einer *syntaktischen Komponente,* die SBs generiert, die jeweils aus einer Oberflächenstruktur und einer Tiefenstruktur bestehen; einer *semantischen Komponente,* die einer Tiefenstruktur eine semantische Interpretation zuordnet; einer *phonologischen Komponente,* die einer Oberflächenstruktur eine phonetische Interpretation zuordnet. Die Grammatik insgesamt wird daher, wie verlangt wurde, phonetische Repräsentationen und semantische Interpretationen verbinden, wobei diese Zuordnung durch die syntaktische Komponente vermittelt wird, die Tiefen- und Oberflächenstrukturen als Elemente der SBs generiert.

Die Begriffe ‚Tiefenstruktur' und ‚Oberflächenstruktur' sind als Explikationen der Humboldtschen Begriffe ‚innere Form eines Satzes' und ‚äußere Form eines Satzes' intendiert, (der allgemeine Begriff ‚Form' sollte vielleicht richtiger auf den Begriff ‚generative Grammatik' selbst bezogen werden – Vgl. die Erörterung in Chomsky (1964)). Die Terminologie wird nahegelegt durch den vertrauten Gebrauch in der gegenwärtigen analytischen Philosophie (Vgl. z.B. Wittgenstein (1953: 168)). Auch C. F. Hockett hat diese Termini in ungefähr demselben Sinn gebraucht (1958: Kap. 29).

Es gibt gute Gründe (siehe unten Abschnitt IV) anzunehmen, daß die Oberflächenstruktur eines Satzes eine indizierte Klammerung ist, die ihn in seine fortlaufenden Konstituenten segmentiert, diese kategorisiert, die Konstituenten in weitere kategorisierte Konstituenten segmentiert, etc.. So liegt (6) beispielsweise eine Oberflächenstruktur zugrunde, die diesen Satz in seine Konstituenten zerlegt (vielleicht: 'what disturbed John', 'was', 'being regarded as incompetent by everyone') und jeweils einer Kategorie zuordnet, die durch Indizierung angezeigt wird, dann jede Konstituente wiederum in Konstituenten segmentiert (z.B. 'what disturbed John' vielleicht in 'what' und 'disturbed John') und entsprechenden durch Indizierung angezeigten Kategorien zuordnet, etc. bis die letzten Konstituenten erreicht sind. Informationen dieser Art werden in der Tat benötigt, um die phonetische Interpretation eines Satzes zu determinieren. Die indizierte Klammerung kann durch ein Baumdiagramm oder eine andere geläufige Notation dargestellt werden.

Es ist aber klar, daß sich die Tiefenstruktur von dieser Oberflächenstruktur unterscheiden muß. Zum einen drückt die Oberflächenrepräsentation die grammatischen Relationen überhaupt nicht aus, die, wie wir gerade festgestellt haben, entscheidend für die semantische Interpretation sind. Zum anderen dürfte im Fall eines mehrdeutigen Satzes, zum Beispiel (5), nur eine einzige Oberflächenstruktur zugeordnet werden, während sich die Tiefenstrukturen offensichtlich unterscheiden müssen. Beispiele dieser Art reichen aus, zu zeigen, daß die Tiefenstruktur, die einem Satz zugrunde liegt, nicht einfach eine indizierte Klammerung des Satzes sein kann. Da es überzeugende Belege dafür gibt, daß die Oberflächenstruktur tatsächlich einfach eine indizierte Klammerung sein sollte, schließen wir, daß die Tiefenstruktur nicht mit der Oberflächenstruktur gleichgesetzt werden kann. Die Unmöglichkeit, auf der Oberflächenstruktur semantisch signifikante grammatische Relationen darzustellen (d.h. die Oberflächenstruktur als Tiefenstruktur zu verwenden), ist eine fundamentale Tatsache, die die Entwicklung der generativen Transformationsgrammatik, sowohl in ihrer klassischen als auch in ihrer modernen Form, motiviert hat.

Um zusammenzufassen: Eine vollständige generative Grammatik muß aus einer syntaktischen, einer semantischen und einer phonologischen Komponente bestehen. Die syntaktische Komponente generiert SBs, die jeweils eine Tiefenstruktur und eine Oberflächenstruktur enthalten. Die semantische Komponente ordnet der Tiefenstruktur eine semantische Interpretation zu, und die phonologische Komponente ordnet der Oberflächenstruktur eine phonetische Interpretation zu. Ein mehrdeutiger Satz hat mehrere SBs, die sich in ihren Tiefenstrukturen unterscheiden (obwohl das Umgekehrte nicht zutreffen muß).

Bisher habe ich wenig gesagt, das kontrovers wäre. Die bisherige Diskussion hat lediglich einen gewissen Interessenbereich und eine gewisse Klasse von Problemen abgegrenzt und einen natürlichen Rahmen vorgeschlagen, um diese Probleme zu behandeln. Die einzigen substantiellen Bemerkungen (d.h. sachlichen Behauptungen), die ich innerhalb dieses Rahmens bisher gemacht habe, bestehen darin, daß die Oberflächenstruktur eine indizierte Klammerung ist und daß Tiefenstrukturen sich im allgemeinen von Oberflächenstrukturen unterscheiden. Die erste dieser Behauptungen ist gut abgesichert (siehe unten) und wird wahrscheinlich weitgehend akzeptiert. Die zweite ist gewiß einleuchtend genug, um keine ausführliche Rechtfertigung zu verlangen.

Um hierüber hinauszugehen und eine substantielle Sprachtheorie zu entwickeln, müssen wir das folgende leisten:

(9) (i) Entwicklung der Theorien der phonetischen und der semantischen Repräsentation
(ii) eine generelle Ausarbeitung des Begriffs ‚syntaktische Beschreibung'
(iii) eine Spezifizierung der Klasse möglicher generativer Grammatiken
(iv) eine generelle Ausarbeitung der Art und Weise, wie diese Grammatiken funktionieren, d.h. wie sie SBs generieren und ihnen phonetische und semantische Interpretationen zuordnen und dadurch phonetisch repräsentierte Signale mit semantischen Interpretationen verbinden.

Bevor wir darangehen, diese substantiellen Fragen zu erörtern, wollen wir uns des unkontroversen Charakters des bisher Gesagten versichern. Gibt es in dieser Darstellung irgendetwas, gegen das man Einwände erheben könnte? Es ist kaum anzunehmen, daß die Notwendigkeit in Frage gestellt wird, in der oben vorgeschlagenen Weise zwischen Sprachkompetenz und Sprachverwendung zu unterscheiden. Nachdem man diese Unterscheidung gemacht hat, kann man sein Interesse der generellen Frage zuwenden, wie der Sprachkompetenz Rechnung zu tragen ist. Wer sich dafür entscheidet, sich mit dieser Frage zu befassen, wird sofort der Tatsache der ‚Kreativität' gegenüberstehen und muß deshalb seine Aufmerksamkeit dem Problem zuwenden, wie generative Grammatiken zu konstruieren sind. Es ist letztlich wohl kaum möglich, eine vollständige generative Grammatik anders zu sehen als ein System von Regeln, die Signale mit semantischen Interpretationen in Beziehung setzen; hat man sich dieses Ziel gesetzt, ist man sofort dem Problem konfrontiert, einen Begriff der ‚syntaktischen Beschreibung' zu entwickeln, der reich genug ist, einerseits die phonetische Interpretation, andererseits die semantische Interpretation zu vermitteln. Die Unterscheidung zwischen Tiefen- und Oberflächenstruktur ergibt sich schon aus einer ganz flüchtigen Betrachtung des wirklichen sprachlichen Materials. Die skizzierten Schlußfolgerungen scheinen daher unausweichlich, wenn man sich an das Problem der Untersuchung der Sprachkompetenz macht. Man beachte, daß eine substantielle Sprachtheorie eine Spezifizierung von (9iv) wie von (9iii) einschließt. Zum Beispiel ist ein wesentlicher Teil der Theorie der Phrasenstrukturgrammatik die Spezifikation der Art und Weise, wie Kategorien und Relationen für generierte Ketten festgelegt werden (siehe Chomsky (1955: Kap. VI)). Eine derartige Spezifizierung wurde immer vorausgesetzt, wenn diese Theorie untersucht wurde. Eine Veränderung in dieser Spezifizierung ist – geradeso wie eine Veränderung der Spezifizierung der Klasse (9iii) möglicher Grammatiken – eine Revision der Theorie. Dies nicht zu verstehen führt unmittelbar zu Absurditäten. Wenn sich jemand also die Theorie der Phrasenstrukturgrammatik so vorstellt, daß die Technik der Interpretation (9iv) unbestimmt gelassen ist, kann er leicht beweisen, daß eine Phrasenstrukturgrammatik der Sprache L den Sätzen von L genau die strukturellen Beschreibungen zuordnet, die ihnen auch irgendeine transformationelle Grammatik von L zuordnet, etc.. Dieser Punkt sollte ohne weitere Erörterung klar sein.

Angenommen, man entscheidet sich nicht für die Untersuchung der Sprachkompetenz (und, gleichzeitig, nicht für die Untersuchung der Sprachverwendung im Rahmen einer Theorie der Sprachkompetenz). Stattdessen könnte man sich dafür entscheiden, seine Aufmerksamkeit auf die Sprachverwendung zu beschränken, oder auf Oberflächenstrukturen oder auf Lautmuster, die von der syntaktischen Struktur isoliert sind, oder auf stimmhafte Frikative oder auf die vordere Hälfte von Sätzen. Die einzige Frage, die entstünde, falls man irgendeinen dieser Vorschläge aufnähme, wäre, ob es wahrscheinlich ist, bei derart willkürlicher Begrenzung des Untersuchungsgegenstandes irgendein interessantes Ergebnis zu erhalten. In jedem der genannten Fälle scheint das ziemlich unwahrscheinlich zu sein. Es ist ganz allgemein nicht einsichtig, warum jemand darauf bestehen sollte, einen isolierten Aspekt des allgemeinen Problems grammatischer Beschreibung zu untersuchen, außer er hätte Gründe für die

Annahme, daß dieser Aspekt nicht durch den Charakter der anderen Aspekte der Grammatik berührt wird.[7]

Ich habe bisher nur die Frage der deskriptiven Adäquatheit von Grammatiken erörtert sowie das Problem der Entwicklung einer Sprachtheorie, die die Grundlage für die Konstruktion deskriptiv adäquater Grammatiken abgibt. Wie jedoch wiederholt betont wurde (siehe z.B. Chomsky (1957; 1962b; 1964; 1965) können die Ziele der Sprachtheorie viel weiter gesteckt werden; und es ist tatsächlich schon eine Vorbedingung für die Untersuchung der deskriptiven Adäquatheit, daß sie höher angesetzt werden. Entscheidend ist es, auch die Frage nach der ‚Erklärungsadäquatheit' der Sprachtheorie zu stellen. Das Wesen dieser Frage kann in Form des folgenden Problems gefaßt werden: Wie ist ein hypothetischer Spracherwerbsmechanismus (language-*a*cquisition *d*evice) AD zu konstruieren, der als ‚Ausgabe' eine deskriptiv adäquate Grammatik G für die Sprache L liefern kann, auf der Grundlage bestimmter primärer sprachlicher Daten aus L als ‚Eingabe'; also ein Mechanismus der schematisch wie in (10) wiederzugeben ist:

(10) primäre sprachliche Daten → [AD] → G

Wir wünschen natürlich, daß der Mechanismus AD einzelsprachunabhängig ist – das heißt, in der Lage ist, jede beliebige menschliche Sprache und nur menschliche Sprachen zu lernen. Mit anderen Worten, wir wünschen, daß er eine implizite Definition des Begriffs ‚menschliche Sprache' bereitstellt. Falls es uns gelänge, einen Spracherwerbsmechanismus dieser Art genau zu spezifizieren, könnten wir in der Tat behaupten, in der Lage zu sein, eine Erklärung der sprachlichen Intuition des Sprechers einer Sprache bzw. seiner unbewußten, ihm selbstverständlichen Kompetenz zu liefern. Diese Erklärung würde sich auf die Annahme stützen, daß die Spezifizierung des Mechanismus AD die Grundlage für den Spracherwerb liefert, wobei die primären sprachlichen Daten die Bedingungen abgeben, nach denen sich die Entwicklung einer generativen Grammatik vollzieht. Die Schwierigkeiten, eine empirisch adäquate einzelsprachunabhängige Spezifizierung des AD zu entwickeln, sind allerdings zu offensichtlich, als daß sie eine ausgedehnte Erörterung erforderten; aber daß es äußerst wichtig ist, dieses Problem aufzuwerfen und ihm auf jeder Stufe der linguistischen Forschung intensiv nachzugehen, scheint mir ebenfalls außer Frage zu stehen (vgl. die obigen Literaturhinweise zur Ausarbeitung dieses Punktes).

Um Erklärungsadäquatheit zu erreichen, können wir zwei parallele Wege einschlagen. Erstens müssen wir versuchen, eine so enge Spezifizierung der in (9) genannten Aspekte der Sprachtheorie zu geben, wie sie mit der bekannten Vielfalt der Sprachen verträglich ist – mit anderen Worten, wir müssen in Bezug auf die sprachlichen Universalien eine so aussagekräftige Hypothese entwickeln, wie durch die zugänglichen Belege abzustützen ist. Diese Spezifizierung kann dann dem System AD als ihm wesentliche Eigenschaft zugeschrieben werden. Zweitens können wir eine generelle Bewertungsprozedur, ebenfalls als wesentliche Eigenschaft von AD, zu entwickeln versuchen, die es dem AD ermöglicht, ein bestimmtes Element der Klasse der Grammatiken, die die Spezifizierung (9) erfüllen, auf der Grundlage der vorgelegten sprachlichen Daten auszuwählen (oder, was auch denkbar wäre, eine kleine Menge von Alternativen auszuwählen, obwohl diese abstrakte Möglichkeit momentan kaum die Erörterung wert ist). Diese Prozedur wird es dann ermöglichen, daß der Mechanismus eine der a priori möglichen Hypothesen – eine der zugelassenen Grammatiken – auswählt, die mit den empirisch gegebenen Daten aus einer Sprache kompatibel ist. Indem er eine solche Hypothese ausgewählt hat, hat er die durch die Grammatik beschriebene Sprache ‚gemeistert' (und weiß daher eine ganze Menge mehr, als er ausdrücklich ‚gelernt' hat). Gegeben eine Sprachtheorie, die (9) spezifiziert, sowie eine Bewertungsprozedur, so können wir immer dann einen Aspekt der Kompetenz des Sprechers erklären, wenn wir mit einer gewissen Plausibilität zeigen können, daß dieser Aspekt durch die am höchsten bewertete Grammatik der zugelassenen Art determiniert wird, welche mit Daten derjenigen Art kompatibel ist, denen der Sprecher tatsächlich ausgesetzt war.

Man beachte, daß eine Bewertungsprozedur (ein Einfachheitsmaß, wie in technischer Diskussion oft gesagt wird) selbst eine empirische Hypothese über die universalen Eigenschaften von Sprache darstellt; mit anderen Worten, es handelt sich um eine Hypothese über die Voraussetzungen des Spracherwerbs, die wahr oder falsch sein kann. Um diese Hypothese zu stützen oder zu widerlegen, müssen wir Belege zur tatsächlichen Beziehung zwischen primären sprachlichen Daten und deskriptiv adäquaten Grammatiken heranziehen. Wir müssen fragen, ob die vorgeschlagene Bewertungsprozedur tatsächlich das Bindeglied in dieser empirisch gegebenen Beziehung bilden kann. Eine Bewertungsprozedur hat deshalb ungefähr den Status einer physikalischen Konstanten; insbesondere ist es unmöglich, einen bestimmten Vorschlag aufgrund apriorischer Argumente zu stützen oder zu verwerfen.

Es ist wichtig zu erkennen, daß in dem gerade Gesagten nichts Kontroverses liegt. Man kann sich dafür oder dagegen entscheiden, das Problem der Erklärungsadäquatheit zu behandeln. Wer sich entscheidet, das Problem zu übergehen, könnte (und wird meines Erachtens sicherlich) feststellen, daß er eine der wichtigsten Beweisquellen in bezug auf die verbleibenden Probleme aus der Betrachtung ausgeschlossen hat (insbesondere in bezug auf das Problem der deskriptiven Adäquatheit).[8] Seine Situation wäre dann ganz analog der Lage desjenigen, der sich entschieden hat, seine Aufmerksamkeit auf Oberflächenstrukturen (mit Ausschluß von Tiefenstrukturen) oder auf die vorderen Hälften von Sätzen zu beschränken. Er müßte zeigen, daß ihm die Beschränkung des Interesses einen lebensfähigen Gegenstand übrig läßt. In jedem Fall hat er gewiß keine Basis, um Einwände gegen den Ansatz anderer Linguisten zu machen, die die generelle Frage untersuchen, aus der er (meiner Meinung nach künstlich) eine Facette ausgegrenzt hat.

Ich hoffe, daß diese Bemerkungen ausreichen werden, um die völlige Witzlosigkeit eines großen Teils der Debatte über spezifische Bewertungsprozeduren (Einfachheitsmaße) zu zeigen, die als empirische Hypothesen über die Sprachform im Laufe der Arbeit über generative Grammatik vorgeschlagen worden sind. Um nur ein Beispiel zu erwähnen, sei Householders Kritik (1965) an den Vorschlägen Halles genannt, die eine angemessene Bewertungsprozedur für die Phonologie betrafen. Halle präsentierte eine bestimmte Theorie phonologischer Prozesse, die als wesentlichen Teil eine bestimmte empirische Hypothese hinsichtlich eines Einfachheitsmaßes enthielt. Ein entscheidender Aspekt dieser Theorie war, daß sie bei der Formulierung phonologischer Regeln vollständig auf distinktiven Merkmalen aufbaute und jegliche ‚segmentale' Notation (z.B. phonemische Notation), außer als informell erklärenden Behelf, ausschloß. Sein Bewertungsmaß schloß Minimierung der Merkmale im Lexikon und in den phonologischen Regeln ein. Zur Stützung seiner Theorie zeigte Halle, daß eine Vielzahl von Tatsachen aufgrund dieser Annahmen erklärt werden können. Er erörterte auch alternative Theorien, die eine segmentale Notation neben oder statt der Merkmalsnotation verwenden, und brachte zahlreiche Argumente vor, um zu zeigen, daß es bei diesen Annahmen schwerlich einzusehen sei, wie irgendein empirisch gültiges Bewertungsmaß formuliert werden könne – insbesondere zeigte er, daß verschiedene natürliche Maße, die Minimierung oder Maximierung einschließen, aus empirischen Gründen versagen müssen.

Householder macht keinen Versuch, diese Argumente zu widerlegen, sondern weist sie einfach zurück, weil sie bestimmte apriorische Bedingungen, die er jedem Begriff von ‚Bewertungsprozedur' willkürlich auferlegt, nicht zu erfüllen vermögen, insbesondere die Forderung, daß eine solche Prozedur Grammatiken bevorzugen soll, die weniger Symbole verwenden und die vom Linguisten leicht zu lesen sind. Da die Grammatiken, die Halle vorschlägt, bei ihrem durchgehenden Aufbau aus Merkmalsrepräsentationen, mehr Zeichen erforderlich machen als Grammatiken, die Hilfssymbole als Abkürzungen für Merkmalsmengen verwenden, und da Halles Grammatiken (behauptet Householder) nicht leicht zu lesen sind, schließt er, daß die Theorie, auf die sie sich gründen, verfehlt sein muß. Aber offensichtlich haben apriorische Argumente dieser Art nichts zu tun mit einer empirischen Hypothese über das Wesen der Sprache (d.h. über die Struktur eines allgemeinen Spracherwerbsmechanismus der oben beschriebenen Art). Folglich hat Householders Kritik keine Relevanz für irgendeines der Probleme, die Halle diskutiert. Unglücklicherweise ist ein großer Teil der Kritik an den neueren Versuchen, gültige Bewertungsmaße zu entwickeln, auf ähnliche Voraussetzungen gegründet.

Man beachte übrigens, daß es einen interessanten, doch kaum verstandenen Sinn hat, von der ‚Einfachheit', der ‚Eleganz' oder ‚Natürlichkeit' einer Theorie (der Sprache, der chemischen Bindungen, etc.) zu sprechen; dieser ‚absolute' Sinn von Einfachheit hat jedoch keine deutliche Relevanz für den Versuch, ein Bewertungsmaß (Einfachheitsmaß) als Teil der Grammatiktheorie zu entwickeln. Eine derartige Theorie ist eine empirische Hypothese, die wahr oder falsch sein kann, zu dem Zweck, einen gewissen Bereich sprachlicher Tatsachen zu erklären. Das ‚Einfachheitsmaß' ist ein konstitutiver Teil dieser empirischen Hypothese. Diese Unterscheidung zwischen ‚Einfachheit' als absoluter Begriff der allgemeinen Erkenntnistheorie und ‚Einfachheit' als Teil der Grammatiktheorie ist wiederholt betont worden; nichtsdestoweniger hat sich über diesen Punkt weite Verwirrung verbreitet. Da es unterlassen wurde, diese Unterscheidung zu machen, ist der größte Teil der in den letzten Jahren erschienenen Kritik an Bewertungsprozeduren hinfällig.

2. Erörterung von Einwänden

Ich habe Kapitel 1 des Entwurfs, den ich in den einleitenden Bemerkungen gegeben habe, abgeschlossen und möchte mich nun verschiedenen Einwänden, die gegen die oben skizzierte Position erhoben worden sind, zuwenden. Ich habe zu zeigen versucht, warum ich meine, daß alle derartigen Einwände verfehlt sind, indem ich dargelegt habe, daß diese Position tatsächlich ganz unkontrovers sein müßte. Eine weitere Klärung ist vielleicht durch eine detailliertere Untersuchung einiger dieser Einwände zu erreichen.

Betrachten wir zunächst die Kritik Reichlings und Uhlenbecks.[1] Beide sind anscheinend der Ansicht, daß sich der Linguist auf das beschränken sollte, was ich ‚Oberflächenstruktur' genannt habe, genaugenommen sogar auf bestimmte beschränkte Teile der Oberflächenstruktur. Sie stellen fest, daß ein Satz eine lineare Folge von Elementen darstellt, die ‚nach bestimmten Regeln'[2] zu Einheiten und diese wiederum zu größeren Einheiten gruppiert sind. Die einzigen Anhaltspunkte für die relationale Struktur einer Äußerung seien Intonation, Anordnung und phonetische Signale (unter ‚Anordnung' (arrangement) verstehen sie vermutlich lineare Ordnung und Gruppierung der Einheiten zu größeren Einheiten). Diese Gruppierung von Einheiten zu größeren Einheiten und dieser zu noch größeren Einheiten etc. definiere den ‚fundamentalen Aspekt der Äußerung'. ‚Andere Typen syntagmatischer Indizierung sind nicht denkbar.' Man müsse es vermeiden, Unterscheidungen vorzunehmen, die nicht in den sprachlichen Daten vorhanden (vermutlich bedeutet das ‚formal markiert') sind. So könnten beispielsweise transitive und intransitive Verben im Englischen nicht unterschieden werden (vgl. Uhlenbeck, 17) – es ist daher ihrer Ansicht nach unmöglich, 'John compelled' (John zwang) oder 'Bill elapsed John' (Bill verging John) von 'John compelled Bill to leave' (John zwang Bill zu gehen) oder 'a week elapsed' (eine Woche verging) aus irgendwelchen syntaktischen Gründen zu unterscheiden. Wenn wir uns auf die Betrachtung der Oberflächenstruktur beschränken, können zwar Ausdrücke wie (11) korrekt als syntaktisch mehrdeutig beschrieben werden, nicht aber die Ausdrücke unter (12) (Uhlenbeck, 9):

(11) (i) old men and women / alte Männer und Frauen
(ii) they are flying planes / sie fliegen Flugzeuge, bzw.: es sind fliegende Flugzeuge

(12) (i) the shooting of the hunters / das Schießen der Jäger
(ii) John was frightened by the new methods / John wurde mit den neuen Methoden erschreckt, bzw.: John wurde durch die Existenz der neuen Methoden erschreckt

Die Erklärung der Mehrdeutigkeit der beiden letzteren müßte dann zeigen, daß diese sich irgendwie auf ,außersprachliche Daten' gründet.[3] Uhlenbeck arbeitet den Unterschied der beiden Fälle (11) und (12) nicht heraus. Nach dem, was er sagt, könnten wir annehmen, daß er bereit ist, die Konstruktionshomonymität von (11) anzuerkennen, weil die alternativen Interpretationen durch eine unterschiedliche Klammerung (folglich in der Oberflächenstruktur) dargestellt werden können; in den Fällen (12i) und (12ii) besteht er jedoch darauf, daß es nur eine einzige syntaktische Struktur und nur ein System grammatischer Relationen gibt, weil die alternativen Interpretationen nicht in der Oberflächenstruktur dargestellt werden können. (Dies ist natürlich der Grund, warum er diese Beispiele bei der Darstellung der Transformationsgrammatik, die er erörtert, wählt.) Uhlenbeck schließt mit der Feststellung, daß, seiner (und Reichlings) Überzeugung nach, die Zusammenhänge, die mit den von ihm zugelassenen Begriffen aufgestellt werden können, ebenso wie die Regeln, die diese Zusammenhänge ausdrücken, sich als sehr einfach herausstellen werden. Obwohl er keine Beispiele solcher Regeln gibt, bezweifele ich nicht, daß sich seine Überzeugung als korrekt herausstellen wird. Das heißt, wenn man sich auf die Oberflächenstruktur (bloße indizierte Klammerung) beschränkt, läßt sich nur ein dermaßen kleiner Teil der Struktur von Sätzen ausdrücken, daß das, was übrigbleibt, zweifellos, aller Voraussicht nach, ganz einfach ist.

Kurz gesagt: Uhlenbeck schlägt vor, die syntaktische Analyse auf die Oberflächenstruktur zu beschränken. Was er vorschlägt, läßt sich von den verschiedenen Varianten der taxonomischen Analyse (unmittelbare Konstituenten Analyse (*i*mmediate *c*onstituents analysis)) nicht unterscheiden, die, jedoch mit viel größerer Klarheit und Detailliertheit, in der ,Neo-Bloomfieldschen' Linguistik der letzten Jahrzehnte entwickelt worden sind. (Zur Erörterung dieser Modelle und ihrer Inadäquatheiten siehe Postal (1964a), Chomsky (1964) und viele andere Arbeiten.) Wenn er etwas anderes im Sinn hat, geht dies weder aus seinen Beispielen noch aus seinen Ausführungen hervor.[4] Auch Reichling will die syntaktische Forschung auf die IC Analyse beschränken, sowie auf formal markierte Relationen zwischen Wörtern, das heißt auf Zusammenhänge, die durch Kongruenz, Rektion, Kategorisierung zu Einheiten oder durch Intonation bewirkt werden (Reichling, 2). Keine anderen ‚Zusammenhänge zwischen Bedeutungen' sind zugelassen. Es folgt daher, daß die nachgewiesenen Tatsachen hinsichtlich der ‚Zusammenhänge von Bedeutungen' in Beispielen der Art wie (4), (5), (6), (7), (8), (11) und (12) nicht innerhalb der Syntax ausgedrückt werden können und vermutlich in irgendeine (im Moment nicht existierende) Theorie des ‚außersprachlichen Kontextes' verwiesen werden.

Der Leser wird bemerken, daß der einzige Einwand gegen die Arbeit auf dem Gebiet der generativen Grammatik (abgesehen von Einwänden, die auf falschen Darstellungen beruhen – vgl. z.B. Anmerkung 3) der ist, daß sie nicht innerhalb der von den Kritikern gesetzten Grenzen bleibt. Die einzige Begründung dafür, innerhalb dieser Grenzen zu bleiben, ist die, daß sie die einzig denkbaren seien. Abstraktere Repräsentationen der ‚Zusammenhänge von Bedeutung' sind jedoch nicht nur denkbar, sondern sind tatsächlich erdacht und recht detailliert entwickelt worden, sowohl in der traditionellen Grammatik als auch in der modernen Forschung über transformationelle Grammatik, die die traditionelle Grammatik fortführt und erweitert. Daher ist die Beschränkung auf die Oberflächenstruktur ganz willkürlich. Es besteht kein Grund, sie zu akzeptieren. Es ist nicht gezeigt worden, daß durch diese willkürliche Beschränkung ein lebensfähiger Bereich linguistischer Prozesse oder linguistischer Strukturen abgegrenzt wird. Es gibt nicht den geringsten Grund, warum man nicht die Masse von Problemen hinsichtlich der Interpretation von Sätzen erforschen sollte, die diese völlig willkürlichen Grenzen überschreiten (z.B. die Probleme, die durch die oben gegebenen Beispiele aufgeworfen werden).

Reichling und Uhlenbeck könnten so verstanden werden, daß sie mit ihren Bemerkungen über die Rolle ‚außersprachlicher Information' bei der Interpretation von Sätzen – insbesondere bei der Interpretation von Sätzen, bei denen die Oberflächenstruktur die semantisch signifikanten grammatischen Relationen nicht ausdrückt – nicht bloß einen terminologischen Vorschlag über die Abgrenzung des Terminus ‚Linguistik' machen. Aber diese Bemerkungen beruhen auf einer einfachen Verwechslung. Ein Satz hat eine inhärente grammatische

Struktur; durch diese Struktur erhält der Satz ein bestimmtes Spektrum potentieller semantischer Interpretationen. Im besonderen liefern die Regeln der englischen Grammatik, die die Kompetenz des natürlichen Sprechers ausmachen, für die Sätze (4), (5), (8), (11) und (12) alternative syntaktische Beschreibungen, die jeweils ein Netz semantisch signifikanter grammatischer Relationen ausdrücken. In einer bestimmten Situation mag der Hörer Informationen verwenden, die in der Tat über die Grammatik hinausgehen, um zu bestimmen, welche der potentiellen Interpretationen beabsichtigt war (oder ob vielleicht etwas intendiert war, das über den expliziten semantischen Gehalt der Äußerung, die wirklich verwendet wurde, hinausgeht). Absolut nichts, was von Belang wäre, weiß man aber über diese Verwendung außersprachlicher Information bei der Interpretation von Sätzen, abgesehen von der Tatsache, daß sie existiert und ein wichtiges Charakteristikum der Sprachverwendung darstellt. Wenn jemand einen Raum betritt und beispielsweise Satz (12ii) hervorbringt, wissen wir, daß der Inhalt seiner Behauptung (ungefähr) entweder ist, daß John durch die Existenz der neuen Methoden erschreckt wurde oder daß neue Einschüchterungsmethoden verwendet wurden, um John zu erschrecken. Wenn er (4) hervorbringt, wissen wir, daß der Inhalt seiner Behauptung entweder ist, daß jene nicht wissen, wie gut der Geschmack von Fleisch ist oder daß sie wenig über den Geschmack guten Fleisches wissen. Der ‚situative Kontext' ist in beiden Fällen der gleiche und berührt nicht den Spielraum des möglichen Inhalts, den diese Sätze gemäß den Regeln des Englischen haben können. Die Bestimmung dessen, was der Sprecher wirklich intendierte, schließt natürlich außer-grammatische Erwägungen und andere Kenntnisse ein, die über die Sprachkenntnis hinausgehen.[5] Dies ist gewiß ganz offensichtlich, und es hat wohl kaum Zweck, weiter in Einzelheiten zu gehen.

Es entbehrt nicht einer gewissen Ironie, daß Reichling und Uhlenbeck scheinbar glauben, irgendwie die Untersuchung von Bedeutung gegen die ‚positivistischen' Angriffe der ‚Krypto-Analytiker' und ‚Formalisten' zu verteidigen. Tatsächlich ist es gerade umgekehrt. Indem sie sich willkürlich auf die Oberflächenstruktur und auf formal markierte Relationen beschränken, haben sie einfach, durch Festsetzung, gerade jene Aspekte der grammatischen Struktur aus der Linguistik ausgeschlossen, die zu einer Darstellung und Erklärung der semantischen Interpretation führen können; und wogegen sie sich wenden, ist genau der Versuch, Sprachtheorie und grammatische Beschreibung bis zu dem Punkt zu entwickeln, an dem sie die

Tiefenstrukturen und das allgemeine Problem semantischer Interpretation in Angriff nehmen kann.

Eine andere Kritik an der generativen Grammatik wird in Dixon (1963) präsentiert. Auf den ersten Blick scheinen Dixons Einwände gegen den in Abschnitt I besprochenen Rahmen weit radikaler als die Einwände Reichlings und Uhlenbecks. Die generative Grammatik folgt der Tradition in dem Versuch, der Kompetenz Rechnung zu tragen. Dixon dagegen besteht darauf, daß eine Grammatik nur die Sprachverwendung zu behandeln habe. Sie müsse sich auf Regularitäten beschränken, die in einem Korpus entdeckt werden.[6] Insoweit ist dies einfach eine willkürliche Beschränkung des Interesses (scheinbar begründet durch irgendwelche merkwürdigen terminologischen Vorschläge über ‚Wissenschaft', nach denen aus der Wissenschaft ungefähr alles seit der babylonischen Astronomie ausgeschlossen würde). Aber Dixon leugnet darüberhinaus die Existenz der elementarsten und bekanntesten Aspekte der Kompetenz. Insbesondere behauptet er, daß Leute ohne formale Ausbildung mit Sicherheit keinen intuitiven ‚grammatischen Sinn' und keine ‚intuitiven grammatischen Vorstellungen' (S. 78) besäßen, und er betrachtet die Vernachlässigung der Erkenntnis dieser Tatsache als einen der Hauptfehler der generativen Grammatik. Wenn wir annehmen, daß er die Wörter im normalen Sinn verwendet, scheint Dixon zu behaupten, daß Kinder auf keine Weise zwischen 'look at the dog' (schau den Hund an) und 'the at dog look' (den an Hund schau) unterscheiden; daß ungeschulte Erwachsene keinen Unterschied zwischen (1), (2) und (3) bemerken; daß die Methode, nach der sie die Sätze (1), (4) bis (8), (11) und (12) interpretieren, mit dem Mechanismus identisch ist, mit dessen Hilfe sie (mit gleicher Leichtigkeit) jede beliebige Permutation der Wörter dieser Sätze interpretieren würden, etc. Da „linguistische Forschung unter Eingeborenen ... bestätigt hat, daß ... jene, die nicht der europäischen Tradition des Grammatikunterrichts ausgesetzt gewesen sind, keine erkennbaren Intuitionen von ‚Grammatikalität' besitzen," (Dixon (1964)), können wir vermutlich schließen, daß Eingeborene nicht in der Lage sind, zwischen Sätzen und rechts-links Verkehrungen von Sätzen in ihrer Sprache zu unterscheiden und (per Analogie) daß Englisch sprechende Kinder oder ungeschulte Erwachsene in der gleichen Lage sind.

Bevor wir jedoch Dixon irgendeine derartig absurde Ansicht zuschreiben, müssen wir ein Stückchen weiter lesen. Das oben gegebene Zitat lautet vollständiger folgendermaßen: „Linguistische Forschung unter Eingeborenen ... hat bestätigt, daß, *obwohl die Sprecher feste*

Vorstellungen über das haben, was zu ihrer Sprache gehört, jene, die nicht der europäischen Tradition des Grammatikunterrichts ausgesetzt gewesen sind, keine erkennbaren Intuitionen von ‚Grammatikalität' besitzen" (Hervorhebung von mir). Die kursiv gesetzte Bemerkung besagt, daß Dixons Eingeborene feste Intuitionen über Grammatikalität besitzen, in der einzigen Bedeutung, mit der dieser Terminus meines Wissens jemals benutzt worden ist. Dixon leugnet also nicht offenbare Tatsachen, wie in meinen obigen Bemerkungen angenommen wurde, sondern schlägt vielmehr einen neuen Gebrauch des Terminus ‚grammatisch' vor (einen Gebrauch, den er dann nicht weiter erklärt, außer indem er feststellt, daß, nach diesem Gebrauch, die Sprecher keine Intuitionen von ‚Grammatikalität' besitzen). Diese Vermutung wird durch weitere Lektüre nur bestätigt. So scheint er anzunehmen (1963: 76f), daß den Unterscheidungen zwischen (1), (2) und (3) mit den Termini ‚Lexik und lexikalische Musterbildungen' (lexis and lexical patternings)[7] Rechnung getragen werden kann. Natürlich wäre es witzlos, eine Unterscheidung zu berücksichtigen, wenn sie nicht existierte.

Offensichtlich ist also Dixons Ablehnung des Begriffs der ‚Grammatikalität', auf dem alle grammatischen Beschreibungen, traditionelle, strukturalistische und generative, beruhen,[8] bloß terminologischer Art und deshalb nicht von Bedeutung. Wir wollen uns nun einem ebenso radikal scheinenden Einwand gegen die oben skizzierte Position zuwenden. Dixon scheint die Annahme abzulehnen, daß eine Sprache unendlich ist (1963: 82f). Er behauptet, daß diese Annahme einen fundamentalen Irrtum der generativen Grammatik darstelle. Dagegen ist in seiner Betrachtungsweise „von Sprache, *wie sie ist*, ... jede Sprache synchronisch endlich." Ein oberflächliches Lesen könnte uns wieder dazu führen, zu glauben, daß Dixon einen völlig phantastischen Vorschlag machte, nämlich, daß eine Grammatik keine Rekursionen in ihrem Regelsystem enthalten sollte und daß die Kompetenz des Sprechers als irgendeine lange Liste von Sätzen oder Kategorienfolgen oder etwas Derartigem dargestellt werden sollte.[9] Bevor wir jedoch diese und andere mögliche Interpretationen betrachten, müssen wir noch einmal ein Stückchen weiterlesen. Wenn wir das tun, finden wir, daß Dixon lediglich eine neue Bedeutung für das Wort ‚unendlich' vorschlägt. So erklärt er, daß wir „im Falle von Sätzen, die jeweils aus einer Konjunktion von Teilsätzen bestehen, ... offensichtlich außerstande sind, eine bestimmte Zahl *n* anzugeben, so daß kein Satz mehr als *n* Teilsätze enthält." Die hier angeführte Bemerkung besagt einfach, daß die Sprache unendlich ist

– im einzigen bekannten technischen Sinn des Wortes,unendlich'. Da Dixon weiterhin leugnet, daß die Sprache unendlich ist, schließen wir, daß er den Terminus ‚unendlich' mit irgendeinem neuen und speziellen Sinn verbindet.

Welcher Sinn dies sein könnte, läßt sich aus seiner Erörterung des neuen Begriffs ‚synchronisch endlich' entnehmen, der im oben gegebenen Zitat eingeführt wird. Er behauptet, daß es, „um den Umfang einer Sprache zu einem bestimmten Zeitpunkt zu bestimmen, ... nötig ist, nicht nur die Zahl der zulässigen Sätze zu berechnen, sondern die Wahrscheinlichkeiten zu summieren, die jedem zulässigen Satz zugeordnet sind." Dann führt er weiter aus, daß wir, wenn wir dies tun, feststellen werden, daß diese Summe eine endliche Zahl ist, so daß die Sprache ‚synchronisch endlich' ist. Demnach scheint Dixon den neuen Terminus ‚synchronisch endlich' vorzuschlagen, der trivialer Weise für jede Menge gilt, für die ein Wahrscheinlichkeitsmaß definiert ist (da, per definitionem, die Summe der Wahrscheinlichkeiten endlich, tatsächlich nämlich Eins ist) – und der im besonderen für jede Sprache gültig ist, wenn Wahrscheinlichkeit für die Sätze der Sprache irgendwie definiert ist. Da er dies als Widerlegung der seiner Meinung nach irrigen Annahme, daß eine Sprache unendlich ist, ansieht, muß er den Terminus ‚unendlich' im Sinne von ‚nicht synchronisch endlich' auffassen. Das heißt, eine Sprache ist unendlich in genau dem Fall, daß die Summe der Wahrscheinlichkeiten, die ihren Sätzen (irgendwie) zugeordnet werden, unendlich ist; per definitionem ist dann eine Sprache niemals unendlich. Unklar ist nur, warum diese nichtssagenden Begriffe definiert werden sollten und warum man sich die Mühe machen sollte, den ‚Umfang der Sprache' auf die vorgeschlagene Weise zu berechnen, wenn wir im voraus wissen, daß er per definitionem immer Eins sein wird. Natürlich basiert unser Kommentar auf der Annahme, daß Dixon den Terminus ‚Wahrscheinlichkeit' in seinem normalen Sinn gebraucht. Gewisse dunkle Bemerkungen auf Seite 83 lassen vermuten, daß diese Annahme falsch sein könnte.

Abgesehen von einer abschließenden Bemerkung, sehe ich kaum einen Nutzen darin, diese Erörterung noch weiter zu führen. Dixon spricht ohne weiteres durchweg über die ‚Wahrscheinlichkeit eines Satzes', als ob dies ein empirisch sinnvoller wäre. Die wenigen Andeutungen, die er im Hinblick auf die Sprachtheorie, die er im Sinn hat, macht, stützen sich wesentlich auf die Annahme, daß diesem Begriff ein bestimmter Sinn beigemessen werden kann. Das aber steht keineswegs fest. Wir könnten ‚Wahrscheinlichkeit' als

Schätzung der relativen Häufigkeit betrachten, und einige Bemerkungen Dixons deuten an, daß er an Derartiges denkt. Dies hat den Vorteil der Klarheit und Objektivität und den ausgleichenden Nachteil, daß man für fast keinen ‚normalen' Satz empirisch zeigen kann, daß er eine von Null abweichende Wahrscheinlichkeit hat. Das heißt, mit wachsender Größe eines realen Korpus (z.B. der Menge der Sätze in der New York Public Library oder der Library of Congress oder der gesamten Erfahrung einer Person, etc.) verringert sich die relative Häufigkeit jedes gegebenen Satzes vermutlich ohne Schranke. Weiterhin, da die meisten ‚normalen Sätze' des täglichen Lebens zum ersten Mal in der Praxis des Sprecher-Hörers geäußert werden (oder zum ersten Mal in der Geschichte der Sprache – eine Unterscheidung, die auf dieser Ebene der Häufigkeit des Vorkommens wohl kaum von Bedeutung ist), hatten sie, bevor diese Äußerung produziert wurde, die Wahrscheinlichkeit Null, und die Tatsache, daß sie produziert und verstanden werden, wird vom Standpunkt einer ‚probabilistischen Grammatiktheorie' unverständlich sein – der Leser, dem diese Bemerkung zweifelhaft erscheint, kann sich selbst überzeugen, indem er Wiederholungen eines Satzes oder das Vorkommen eines willkürlich gewählten ‚normalen Satzes' innerhalb eines realen Korpus sucht. Dixon übersieht diese offensichtlichen Tatsachen völlig. So behauptet er, daß die Unterscheidung zwischen ‘colorless green ideas sleep furiously’ (farblose grüne Ideen schlafen wild) und irgendeinem normalen Satz (z.B. ‘revolutionary new ideas appear infrequently’ (revolutionär neue Ideen tauchen selten auf)) eine Sache der ‚formalen lexikalischen Bedeutung', d.h. der Häufigkeit des Vorkommens sei: „Das heißt: die Kollokation von ‘colorless’, ‘green’, ‘ideas’, ‘sleap’ und ‘furiously’ kommt selten vor (oder besser gesagt, hat eine sehr kleine Vorkommenswahrscheinlichkeit)" (Dixon (1963: 75)). Daß diese Folge eine kleine Vorkommenswahrscheinlichkeit hat, ist völlig zutreffend (oder war es bis vor ein paar Jahren; jetzt ist diese Folge tatsächlich eine der häufigeren – d.h. sie ist einige Male vorgekommen – in der sprachlichen Erfahrung einiger Leute wenigstens, offensichtlich ohne daß dieses starke Ansteigen der Häufigkeit ihren Status als semi-grammatischer Satz im mindesten berührt hat). Genau dasselbe gilt auch für ‘revolutionary new ideas appear infrequently’ und eine Unmenge anderer Sätze mit ganz unterschiedlichem linguistischen Status. Keiner dieser Sätze hat eine erkennbar von Null abweichende Vorkommenswahrscheinlichkeit. In jedem Fall ist die Häufigkeit der ‚Kollokationen' so lächerlich niedrig, daß der Versuch, fundamentale sprachliche Unterscheidungen in dieser Form zu berücksichtigen, völlig absurd ist. Auch besteht keine Aussicht (1), (2) und (3) in Hinblick auf die Vorkommenswahrscheinlichkeit zu unterscheiden, was Dixon für möglich zu halten scheint (1963: 76f).

Es ist noch wichtig zu bemerken, daß andere probabilistische Grundlagen für grammatische oder lexikalische Eigenschaften ebenso wenig wie Dixons spezifische Interpretation der ,Wahrscheinlichkeit eines Satzes' als (anscheinend) buchstäbliche Häufigkeit des Vorkommens des Satzes in einem wirklichen Korpus in Frage zu kommen scheinen. Die Probleme werden nicht dadurch gelöst, daß wir Wahrscheinlichkeit als etwas anderes als eine Schätzung der relativen Häufigkeit betrachten. Die ungeheure Größe der Menge der Sätze, aus der die normale Rede schöpft, wird zu genau denselben Schlüssen führen; die Wahrscheinlichkeit ,normaler Sätze' weicht nicht signifikant von Null ab. Es hilft auch nichts, stattdessen die Wahrscheinlichkeit von Satzformen zu betrachten (wenn eine Satzform eine Folge von Kategorien ist, wobei die Kategorien Elemente enthalten, die in irgendeinem ziemlich engen Sinn ,überall gegenseitig ersetzbar' sind – man beachte, daß der Begriff die an ihn gestellten Anforderungen nicht erfüllt, wenn ihm nicht ein enggefaßter Sinn gegeben wird). Die Zahlen sind noch zu riesig, um den Begriff ernstlich in Betracht zu ziehen. Wir können die Wahrscheinlichkeit eines Satzes auch nicht als eine Schätzung, die auf irgendeine Weise auf der Wahrscheinlichkeit seiner Teile beruht, betrachten; wie wiederholt gezeigt worden ist, würde eine solche Entscheidung eine Wahrscheinlichkeitsskala liefern, die keinen brauchbaren Zusammenhang mit der intuitiven Skala von Grammatikalität besitzt, auf die sich jede linguistische Beschreibung gründet. Es ergibt auch keinerlei Sinn von ,Wahrscheinlichkeit relativ zu einer Situation' zu sprechen, da noch nie der geringste Hinweis darauf gegeben wurde, wie ,Situationen' mit irgendwelchen für diese Erörterung nützlichen Termini bestimmt oder identifiziert werden können. Tatsächlich ist mit dem Begriff des ,Wahrscheinlichkeitsmaßes mit kontinuierlichem Wertebereich' (dessen fundamentale Bedeutung Dixon wiederholt betont) auf dem Gebiet der grammatischen Beschreibung niemals ein Sinn verbunden worden; und von jedem konkreten Vorschlag, der gemacht wurde, ist gezeigt worden, daß er zu Unsinn führt. Vielleicht ist für Linguisten, die auf der Wichtigkeit solcher Begriffe bestehen, die Zeit gekommen, sich dieser einfachen Tatsache zu stellen.

Als ich ganz zu Anfang dieser Vorlesungen den allgemeinen Rahmen für die generative Grammatik skizzierte, habe ich zwischen jenen Aspekten dieses Rahmens, die bloß dazu dienen, Ziele und Forschungsprobleme zu definieren, einerseits (wobei ich ausführte, daß diese sich weitgehend von der traditionellen Untersuchung von Sprache und Geist herleiten), und substantiellen Aussagen, die über das Eingrenzen der Probleme hinausgehen, andererseits unterschieden. In dieser Darstellung wurden zwei substantielle Behauptungen aufgestellt:

(13) (I) Die Oberflächenstruktur eines Satzes ist eine angemessene Klammerung der linearen, zeitlich gegebenen Folge von Elementen, wobei den Paaren von Klammern Namen von Kategorien als Indizes zugeordnet sind (das heißt, ein indiziertes Baumdiagramm, in dem Kategorien der Art wie Satz, Nominalphrase, Nomen und eine kleine Zahl weiterer als Indizes dienen).

(II) Die Tiefenstruktur eines Satzes ist im allgemeinen nicht mit seiner Oberflächenstruktur identisch, sondern ist eine sehr viel abstraktere Repräsentation der grammatischen Relationen und des syntaktischen Aufbaus.

Die Einwände gegen die generative Grammatik, die ich bisher erörtert habe, beziehen sich nicht auf diese substantiellen Vorschläge; ich habe behauptet, daß sie vielmehr auf nichts anderes als auf einen Vorschlag hinauslaufen, ‚Linguistik' derart zu begrenzen, daß die Masse der ‚vorsintflutlichen' traditionellen Fragen ausgeschlossen wird,[10] beispielsweise Fragen der Sprachkompetenz, der semantischen Interpretation, der ‚Kreativität', des Wesens grammatischer Regeln etc.. Aber es sind keine Gründe für das Fallenlassen dieser Themen vorgebracht worden, und es sind keine Alternativen vorgeschlagen worden, die zu fruchtbaren Untersuchungen führen könnten. Diese Einwände besitzen demzufolge meines Erachtens keine Überzeugungskraft.

Es bleiben jedoch noch Einwände gegen die substantiellen Behauptungen (13I) und (13II) zu erwägen. Wie oben erwähnt wurde, ist (13I) niemals in Frage gestellt worden und ist auf jeden Fall gut abgesichert (siehe unten). Wir wollen sie dementsprechend für den Zweck der vorliegenden Erörterung voraussetzen und uns kurz (13II) zuwenden. (13II) ist eine äußerst wichtige Behauptung, und es lohnt sich, auf ihre Betrachtung etwas mehr Mühe zu verwenden.[11]

Die Annahme (13I) über die Oberflächenstruktur vorausgesetzt, wollen wir ‚taxonomische syntaktische Theorie' als die Ansicht definieren, die besagt, daß eine derartige Repräsentation die syntaktische Struktur einer Äußerung erschöpfend darstellt, d.h. auch als Tiefenstruktur dient. Dieser Formulierung entsprechend gibt es viele Varianten taxonomischer Syntax: im besonderen zeigen die wenigen Bemerkungen de Saussures über Syntax, daß er diese Position akzeptiert; sie wurde während der letzten Jahrzehnte auf vielerlei Weise durch die amerikanischen Deskriptivisten ausgearbeitet; sie schließt anscheinend die Ansichten von Reichling und Uhlenbeck ein (siehe oben); sie umfaßt viele Modelle der Sprachstruktur, die aus der Untersuchung künstlicher Sprachen und aus der Computer-Linguistik hervorgegangen sind; sie enthält auch die Modelle der Sprachstruktur, die am meisten zur Substanz der mathematischen Untersuchungen der Sprachstruktur beigetragen haben; etc. Taxonomische syntaktische Theorie ist das, was durch die Behauptung (13II) verworfen wird. Die Theorie der generativen Transformationsgrammatik ist als spezifische Alternative zur taxonomischen Syntax entwickelt worden: als eine Alternative, die die Behauptung (13II) einschließt. Wir kommen darauf unten zurück. Jetzt beschränken wir unsere Aufmerksamkeit auf die Behauptung (13II) selbst, d.h. auf die Frage, ob die Oberflächenstruktur, wie sie in (13I) definiert ist, die ganze grammatische Struktur ausdrückt, die für die semantische Interpretation wichtig ist.

In vielen Veröffentlichungen der letzten Jahre[12] wurde die Validierung der Behauptung (13II) folgendermaßen versucht. Erstens wurde der Versuch gemacht, eine Theorie der generativen Grammatik zu formulieren, die umfassend genug wäre, um alle Varianten der taxonomischen Linguistik in sich aufzunehmen, insoweit sie eindeutig sind und substantielle Hypothesen über das Wesen der Sprache ausdrücken. Dies war eine Motivation für die Entwicklung der Theorie der Phrasenstrukturgrammatik (kontext-frei oder kontext-sensitiv— Vertrautheit damit setze ich voraus).[13] Zweitens wurde zu zeigen versucht, daß keine Theorie, die innerhalb des Rahmens der Phrasenstrukturgrammatik formalisierbar ist, den erforderlichen Begriff der Tiefenstruktur[14] liefern kann, wenn an diese Grammatiken der Anspruch gestellt wird, die wirklichen Sätze der Sprache zu generieren. Folglich kann die taxonomische Syntax-Theorie nicht korrekt sein: der fundamentale Grund dafür ist, daß die Tiefenstrukturen, die für die semantische Interpretation erforderlich sind, nicht mit den Strukturen identifiziert werden können, die den Sätzen durch eine

Phrasenstrukturgrammatik zugeordnet werden, die wirkliche Sätze unmittelbar generiert.

Beide Schritte der Argumentation scheinen mir gut gesichert zu sein. Im besonderen scheint mir, daß alle Varianten syntaktischer Theorie, die in den großen Bereich der taxonomischen Syntax fallen, (insoweit sie eindeutig sind) innerhalb des Rahmens der Phrasenstrukturgrammatik formalisierbar sind (und zwar mit wenigen Ausnahmen sogar innerhalb deren kontext-freier Variante),[15] gleichviel ob sie in der Form von Analyseprozeduren, wie in vielen deskriptivistischen Untersuchungen, formuliert sind oder in Form von Bedingungen für jede mögliche syntaktische Beschreibung eines Satzes, wie in der oben erwähnten Auffassung Reichlings und Uhlenbecks und vieler anderer. Darüberhinaus scheint mir die Inadäquatheit einer kategorial indizierten Klammerung eines wirklichen Satzes (eines Phrasenstrukturbaums) als einer Darstellung der Tiefenstruktur durch Beispiele der oben angeführten Art (S. 7–8, 18) zweifelsfrei bewiesen. Folglich scheint mir, daß die Behauptung (13II) und die Konsequenz, daß taxonomische Syntax fundamental inadäquat ist, zu den am besten gesicherten Schlußfolgerungen der Sprachtheorie in ihrem heutigen Stadium zu gehören.

Beide Schritte der Argumentation sind in Frage gestellt worden, z.B. in der oben besprochenen Abhandlung Uhlenbecks. Uhlenbeck scheint nämlich anzunehmen, daß sein Ansatz nicht in den Rahmen der Phrasenstrukturgrammatik fällt. Gleichzeitig aber fordert er, daß die Linguistik sich nicht mit der Untersuchung von Tiefenstrukturen beschäftigen solle. Ich habe zu zeigen versucht, daß keiner der Einwände gerechtfertigt werden kann. Mir sind keine ähnlichen Einwände bekannt, die stichhaltiger wären als diese.

Es gibt jedoch einen Fall eines Einwandes gegen diese zwei-Schritte-Argumentation, der oberflächlich betrachtet von ganz anderer Art zu sein scheint, nämlich eine Abhandlung von G.H. Harman, "Generative Grammars without transformation rules" (Harman (1963)). Sie trägt den Untertitel "A defense of phrase structure" (Eine Verteidigung der Phrasenstruktur) und scheint sich direkt gegen den zweiten Schritt dieser Argumentation gerichtet zu haben, nämlich gegen die Behauptung, daß keine Theorie, die sich innerhalb der Theorie der Phrasenstrukturgrammatik formalisieren läßt, empirisch adäquat sein kann. Ein genaueres Studium dieser Abhandlung zeigt aber, daß sie für das ganze Problem völlig irrelevant ist.

Harman gibt einen Überblick über verschiedene Argumente gegen die Phrasenstrukturgrammatik und akzeptiert deren Gültigkeit. Er schlägt jedoch vor, diese Argumente, statt sie als Einwände gegen die Phrasenstrukturgrammatik zu betrachten, als Argumente gegen den üblichen Gebrauch des Terminus ‚Phrasenstrukturgrammatik' neu zu formulieren. Da terminologische Festsetzungen dieser Art natürlich an sich keine Konsequenzen haben, wollen wir (zum Zweck der Erörterung seiner Abhandlung) Harmans Vorschlag akzeptieren und den Terminus ‚beschränkte Phrasenstrukturgrammatik' im früher definierten Sinn von ‚Phrasenstrukturgrammatik' und den Terminus ‚erweiterte Phrasenstrukturgrammatik' zur Bezeichnung der von ihm vorgeschlagenen Theorie verwenden (aber dabei nicht vergessen, daß die erweiterte Phrasenstrukturgrammatik mit der Phrasenstrukturgrammatik nicht mehr gemein hat als ein Ameisenbär mit einer Ameise). Wir bemerken, daß die Argumentation gegen die taxonomische Linguistik und für die Behauptung (13II), nachdem wir diese terminologische Veränderung eingeführt haben, genauso besteht wie zuvor, da eine bloße terminologische Änderung natürlich die Substanz dieser Argumentation nicht berühren kann.

Diese Beobachtung reicht aus, unsere Zurückweisung dieser Abhandlung als einer Verteidigung der taxonomischen Syntax und einer Kritik von (13II) zu rechtfertigen. Eine ausführlichere Erörterung wird aber vielleicht insofern zweckdienlich sein, als sie eine gute Gelegenheit bietet, einige Probleme genau zu untersuchen, die gut verstanden sein müssen, wenn syntaktische Forschung irgendwie sinnvoll voranschreiten soll.

Harman behauptet, daß die ‚erweiterte Phrasenstrukturgrammatik' dem Geist der Phrasenstrukturgrammatik entspricht, und führt aus, daß es keine Notwendigkeit a priori gibt, den Terminus ‚Phrasenstrukturgrammatik' als Bezeichnung für ‚beschränkte Phrasenstrukturgrammatik' zu nehmen. Über den ersten Punkt kann man nicht diskutieren. Mir ist keine Methode bekannt, um zu bestimmen, ob die ‚erweiterte Phrasenstrukturgrammatik' dem Geist der Phrasenstrukturgrammatik mehr oder weniger entspricht als zum Beispiel die gewöhnliche Transformationsgrammatik (in beiden Richtungen könnten Argumente gebracht werden); und darüberhinaus sehe ich keinen Nutzen darin, dies, so oder so, zu beweisen. Der zweite Punkt trifft zu. Es gibt keine Notwendigkeit a priori, den Terminus ‚Phrasenstrukturgrammatik' so zu verwenden, wie es immer geschehen ist; im Prinzip wäre irgendein anderer Terminus ebensogut. Die Wichtigkeit dieser Beobachtung und ihre Rolle bei der ‚Verteidigung der Phrasenstruktur' sind unklar. Mit der gleichen Logik kann man die Grundlosigkeit der Behauptung beweisen, Paviane könnten nicht sprechen;

denn es gibt immerhin ein Geschöpf, das einem Pavian ziemlich ähnlich ist und perfekt sprechen kann, und es gibt keine Notwendigkeit a priori, den Terminus ‚Pavian' so zu verwenden, daß man dieses Geschöpf ausschließt.[16]

Wir stellen noch einmal fest, daß der Begriff ‚Phrasenstrukturgrammatik' im gewöhnlichen Sinn (i.e. ‚beschränkte Phrasenstrukturgrammatik') ganz abgesehen von der Terminologie wohl begründet ist. Er ist nicht nur bei der Formalisierung der taxonomischen Linguistik und in der Theorie der Transformationsgrammatik entstanden, sondern unabhängig davon auch bei der Untersuchung künstlicher Sprachen und bei der Untersuchung mathematischer Modelle, wo sowohl kontext-freie als auch kontext-sensitive Phrasenstrukturgrammatiken eine zentrale Stellung einnehmen.

Wir wollen nun die ‚erweiterte Phrasenstrukturgrammatik' im einzelnen betrachten. Ein solches System enthält Regeln der Form $A \rightarrow X$, wobei A und X nicht Ketten von Kategorien oder terminalen Symbolen sind, wie in der Theorie der (beschränkten) Phrasenstrukturgrammatik, sondern Ketten von, wie wir sagen können, ‚komplexen Symbolen' (dabei ist A eine Kette der Länge Eins und X möglicherweise Null), wobei ein komplexes Symbol ein Paar aus einem Kategoriensymbol und einer Menge von Indizes darstellt. Es handelt sich hier um eine modifizierte Form eines Systems, das zuerst von G.H. Mathews vor sieben oder acht Jahren vorgeschlagen und das im Mathews-Yngve COMIT Programmiersystem ausgearbeitet worden ist. Die Regeln sind so angelegt, daß Indizes im Verlaufe der Derivation mitgeführt werden können. Die Indizes können dazu verwendet werden, viele ‚globale Operationen' über Ketten (z.B. bestimmte grammatische Transformationen) und Kontext-Beschränkungen verschiedener Art zu kodieren. Es ist anzumerken, daß die Motivation für die Entwicklung des ursprünglichen Systems die Vereinfachung der Kodierung transformationeller Prozesse war.

Man beachte, daß eine erweiterte Phrasenstrukturgrammatik als eine (beschränkte) Phrasenstrukturgrammatik betrachtet werden kann, wenn man annimmt, daß jedes komplexe Symbol eine einzelne Kategorie repräsentiert. Nach dieser Interpretation besteht Harmans Vorschlag in einer neuen Bewertungsprozedur für die Phrasenstrukturgrammatik. Ein solcher Vorschlag ist eine empirische Hypothese über Sprache. Diese Hypothese ist unmittelbar widerlegt und zwar wegen empirischer Inadäquatheit. Wenn wir die Strukturen betrachten, die solchen Sätzen wie 'John saw Bill.' (John sah Bill), 'did John see Bill' (sah John Bill), 'look at Bill' (schau Bill an) etc. nach dieser Interpretation in der am höchsten bewerteten Grammatik zugeordnet werden, finden wir, daß es keine Kategorie gibt, zu der beide Vorkommen von 'John' gehören; daß es keine Kategorie gibt, zu der alle fünf Nomina gehören; etc. Aus derlei Gründen werden weder die Forderungen an Oberflächenstrukturen noch die an Tiefenstrukturen auch nur entfernt erfüllt und diese Interpretation muß verworfen werden.

Voraussetzung einer ernsthaften Theorie der erweiterten Phrasenstrukturgrammatik ist daher, daß die Bedingung (9iv) auf irgendeine andere Weise erfüllt wird, das heißt, durch irgendeinen Vorschlag darüber, wie eine syntaktische Struktur mit einer durch die Grammatik generierten Kette verbunden werden kann, wobei diese Struktur auf irgendeine Weise syntaktisch und semantisch relevante Informationen über die grammatischen Relationen, den Satztyp etc. repräsentiert. Es findet sich aber in Harmans Aufsatz kein Hinweis darauf, wie dies geschehen soll,[17] so daß die ganze Angelegenheit ganz offen bleibt. Was vorliegt, ist also eine Grammatiktheorie, die, obwohl sicherlich weit aussagekräftiger als die (beschränkte) Phrasenstrukturgrammatik, im Moment im einzigen linguistisch relevanten Sinn nicht wohl-definiert ist. Vgl. S. 12.

Welchen Grund könnte es dann geben, die Theorie der erweiterten Phrasenstrukturgrammatik zu betrachten? Man könnte sich vorstellen, daß es sich um eine in irgendeinem Sinne weniger mächtige Theorie als die der Transformationsgrammatik handelt, obgleich sie eine zweifelsfrei stärkere Ausdruckskraft besitzt als die Theorie der (beschränkten) Phrasenstrukturgrammatik. Wenn dies zuträfe, wäre das mehr als ein Kuriosum; sofern gezeigt werden könnte, daß diese Theorie der deskriptiven Adäquatheit in nicht-trivialer Hinsicht nahekommt, könnte dies für die Linguistik zu einer interessanten Beobachtung werden. Aber es trifft nicht zu. Die Theorie der erweiterten Phrasenstrukturgrammatik läßt sich hinsichtlich der Ausdruckskraft nicht mit der Theorie der grammatischen Transformationen vergleichen; in jeder könnten bestimmte hypothetische grammatische Prozesse formuliert werden, die in der anderen nicht formulierbar sind.[18] Man betrachte beispielsweise eine hypothetische Sprache mit einem grammatischen Prozeß P, der eine Klasse von Sätzen aus einer anderen bildet, indem er, so wollen wir annehmen, ein Wort tilgt, das zur lexikalischen Kategorie A gehört, wenn dieses Auftreten von A *unmittelbar* von der Phrasenkategorie B *dominiert* wird. Innerhalb des Rahmens der erweiterten Phrasenstrukturgrammatik ist dieser Prozeß leicht formulierbar (viel leichter als beispielsweise das System von Regeln zur Generierung der Passivformen einfacher NVN Sätze). Man muß nur P als einen Index des Anfangssymbols S kodieren und dann jede Regel B → ... A ... so formulieren, daß sie dem eingeführten Auftreten von A einen neuen Index Q hinzufügt (wobei Q sonst nirgends erscheint). Wir stellen dann die Regel auf, daß die Kategorie A getilgt wird, wenn sie die beiden Indizes P,Q enthält. Ein solcher Prozeß läßt sich jedoch nicht als grammatische Transformation formulieren; dazu bedürfte es einer grundlegenden Erweiterung der Transformationstheorie, um einen Gebrauch von Quantifikatoren innerhalb von Strukturbeschreibungen von Transformationen zuzulassen, der weit über alles Zulässige in dieser Theorie hinausgeht (anscheinend kann es die Theorie tatsächlich erfordern, daß diese Strukturbeschreibungen gar keine Quantifikatoren enthalten); und darüberhinaus würden dadurch die allgemeinen Bedingungen, denen Tilgungen unterliegen, verletzt. Innerhalb der Theorie der Transformationsgrammatik, wie sie explizit formuliert worden ist, gibt es keine Möglichkeit, ein Vorkommen einer Kategorie zu identifizieren, das unmittelbar durch eine gegebene Kategorie dominiert wird.

Man betrachte auch eine Regel, die ein Wort der Kategorie A tilgt (oder wiederholt oder ihm ein Morphem hinzufügt), genau dann wenn dieses Vorkommen von A gleichzeitig zu zwei Phrasen gehört, deren eine die am weitesten links stehende Kategorie in irgendeiner Expansion und deren andere die am weitesten rechts stehende in irgendeiner Expansion ist. Die Konventionen über Indizierung der erweiterten Phrasenstrukturgrammatik erlauben eine unkomplizierte Formulierung dieses Prozesses,[19] der aber nicht als grammatische Transformation formuliert werden kann.

Auf der anderen Seite können zwar bestimmte grammatische Transformationen in den Kode der erweiterten Phrasenstrukturgrammatik gebracht werden, jedoch nicht alle. Man betrachte beispielsweise die Transformationen, die aus dem Paar abstrakter Strukturen, die 'John read the book' (John las das Buch) und 'Bill read the book' (Bill las das Buch) zugrundeliegen, den Beispielsatz (14) bilden oder die aus einer abstrakten Struktur, die den P-Marker einschließt, der 'Bill Auxiliar leave' zugrundeliegt, (15i, ii) bilden:

(14) John read the book and so did Bill. / John las das Buch und Bill auch.

(15) (i) John persuaded Bill to leave. / John überredete Bill zu gehen.

(15) (ii) Bill was persuaded to leave by John. / Bill wurde von John dazu überredet zu gehen.

Offensichtlich ist die Information, die die Tiefenstrukturen dieser Sätze bereitstellen, wie dies in ihrer bekannten transformationellen Analyse formuliert wird (z.B. Chomsky (1957; 1962a)), für ihre semantische Interpretation entscheidend. So impliziert (14), daß Bill das Buch las, und es ist augenscheinlich, daß es für die semantische Interpretation von (15) erforderlich ist, daß *Bill* als das Subjekt von *leave* bestimmt wird. Aber die in bezug auf (14) notwendige Information kann nicht in Form irgendwelcher durch eine erweiterte Phrasenstrukturgrammatik zugeordneter Strukturen dargestellt werden, und es gibt keinen Hinweis darauf, wie dies für die für (15) erforderliche Information geschehen kann (wie wir unten sehen werden, ist es, im Gegensatz zu Harmans Anspruch (S. 610), nicht der Fall, daß seine Kodierung bestimmter Transformationsgrammatiken die grammatische Information bewahrt). Auf jeden Fall aber können die Prozesse, die sich als grammatische Transformationen unmittelbar formulieren lassen, im Rahmen der erweiterten Phrasenstrukturgrammatik entweder überhaupt nicht ausgedrückt werden, oder aber sie können nicht ohne sehr komplizierte und umständliche Mechanismen formuliert werden.

Kurz gesagt: die Theorie der erweiterten Phrasenstrukturgrammatik ist ein aussagekräftiges System, das sich mit der Transformationsgrammatik hinsichtlich der Ausdruckskraft nicht vergleichen läßt und das (soweit es wohl-definiert ist) der natürlichen Sprache nicht empirisch adäquat ist.

Harmans Verteidigung der Phrasenstrukturgrammatik beruht auf dem Anspruch, daß er eine Phrasenstrukturgrammatik konstruiert hat, die genau die Menge von Sätzen einer bestimmten Transformationsgrammatik generiert (nämlich der in Chomsky, "A transformational approach to syntax" vorgestellten). Der erste Teil dieser Behauptung beruht, wie wir oben festgestellt haben, auf nichts anderem als einer terminologischen Äquivokation. Der zweite Teil ist falsch. Tatsächlich war eines der zentralen Themen der Transformationsgrammatik, die er reformuliert, das System der Verb-Komplement-Konstruktionen, wie im Beispiel (15). In der Transformationsgrammatik beruhen Sätze der Art wie (15) teilweise auf einer zugrundeliegenden Struktur wie 'Bill Auxiliar leave'. Insbesondere werden die Beschränkungen, denen Subjekt und Verbalphrase unterliegen, auf die Komplement-Konstruktion (15) übertragen. Ketten der Art wie (16) sind von der direkten Generierung ausgeschlossen und werden daher als abweichend markiert in direkter Konsequenz der Nichtzulässigkeit von (17):

(16) John { persuaded / ordered / expected } Bill to { accumulate / elapse / be numerous / be abundant / be parsed }

John { überredete / befahl / erwartete } Bill { anzusammeln / zu verstreichen / zahlreich zu sein / reichlich zu sein / (grammatisch) zergliedert zu sein }

(17) Bill { accumulated / elapsed / is numerous / is abundant / is parsed }

Bill { sammelte an / verstrich / ist zahlreich / ist reichlich / ist (grammatisch) zergliedert }

(die letzte Kette ist infolge der Abweichung von 'X parsed Bill' ausgeschlossen). In Harmans Reformulierung wird jedoch keine Relation zwischen den Positionen ausgedrückt, die 'Bill' und 'leave' in solchen Sätzen wie (15) einnehmen – das heißt, die Tatsache, daß 'Bill' sowohl in (15i) als auch in (15ii) als Subjekt von 'leave' fungiert (ebenso wie es in diesem Fall das Objekt von 'persuade (to leave)' ist) wird nicht angezeigt. Dieser Mangel an deskriptiver Adäquatheit spiegelt sich wieder im Fehlen der Darstellung des abweichenden Charakters von (16) durch das Ausschließen dieser Ketten von der direkten Generierung, obgleich die entsprechende Eigenschaft von (17) korrekt ausgedrückt ist, indem diese Ketten von der direkten Generierung durch die Grammatik ausgeschlossen sind.

Ich kann nicht entscheiden, ob der Fehler, der an diesen Beispielen erläutert wurde, durch sorgfältiger ausgearbeitete Mechanismen beseitigt werden kann, aber es lohnt nicht, diesen Punkt weiter zu verfolgen. Nehmen wir an, es wäre tatsächlich möglich, eine Transformationsgrammatik innerhalb des Rahmens der erweiterten Phrasenstrukturgrammatik zu kodieren, so daß die Forderung *schwacher generativer Äquivalenz* erfüllt wäre (das heißt, daß die kodierte Version dieselbe Menge von Ketten, wenn auch nicht dieselbe Menge von Strukturen wie das Original generierte). Ja, nehmen wir an, daß es möglich wäre, sogar eine eingeschränkte Phrasenstrukturgrammatik zu konstruieren, die genau die Menge der Sätze des Englischen bzw. irgendeiner natürlichen Sprache generiert. In welcher Hinsicht besäße dieser Beweis eine linguistische Signifikanz? Die Antwort ist: in überhaupt keiner. Er würde die Ansicht nicht im geringsten stützen, daß die Theorie der (beschränkten oder erweiterten) Phrasenstrukturgrammatik eine korrekte Theorie der syntaktischen Struktur ist (ebensowenig wie die Fähigkeit einer Transformationsgrammatik, eine natürliche Sprache *schwach zu generieren* – das heißt, die Sätze der Sprache zu generieren –, wenn sie vorhanden ist, die Adäquatheit der Transformationstheorie beweist). Dieser Beweis würde nur die Vermutung der frühesten Studien zur generativen Transformationsgrammatik stützen (z.B. Chomsky (1957: 34)), daß Englisch und andere Sprachen sehr wohl innerhalb der schwachen generativen Kapazität der Phrasenstrukturgrammatik liegen könnten. Tatsächlich gibt es kaum einen Grund, daran zu zweifeln, daß alle natürlichen Sprachen mit kontext-sensitiven Phrasenstrukturgrammatiken generiert werden können, wenngleich heute bekannt ist (vgl. Postal (1961; 1964b), daß kontext-freie Grammatiken nicht einmal die Bedingung schwacher generativer Adäquatheit erfüllen und daher bei der Prüfung der deskriptiven Adäquatheit auf besonders überraschende Weise versagen.[20] Worauf es ankommt ist, daß die Betrachtung der schwachen generativen Adäquatheit nur von Interesse ist, wenn sie in bezug auf eine bestimmte Sprachtheorie den *negativen* Beweis liefert – wenn sie, mit anderen Worten, zeigt, daß die Theorie der Sprache so unangemessen ist, daß nicht einmal die Menge der Sätze korrekt generiert werden kann. Wie aber seit den frühesten Untersuchungen zur generativen Grammatik deutlich gewesen ist, können nur Erwägungen der deskriptiven und der explanativen Adäquatheit dazu dienen, eine vorgeschlagene Grammatik oder Sprachtheorie zu stützen. Die Tatsache, daß eine Grammatik eine Sprache schwach generiert, ist kaum von Interesse. Wichtig ist, daß sie dabei jedem Satz die richtige Tiefen- und Oberflächenstruktur zuordnet und, darüberhinaus, daß es ihr gelingt, diese Aufgabe der *starken Generierung* auf eine intern motivierte Weise zu erfüllen.[21]

Wir kommen wieder auf ein konkretes Beispiel zurück. Die Tatsache, daß die erweiterte Phrasenstrukturgrammatik, die Harman präsentiert, in Hinblick auf ihre schwache generative Kapazität versagt, indem sie (16) zuläßt (während sie (17) ausschließt), ist an sich nicht wichtig. Wichtig ist der Grund dafür, nämlich das Versagen der Grammatik, die grammatischen Relationen auszudrücken, die *Bill* in (15) einerseits an das Komplement des Verbs (als dessen grammatisches Subjekt) binden und andererseits an die ganze Verbalphrase (als ihr Objekt). In Hinblick auf Sätze wie (15) sind dies die entscheidenden Fakten; Erwägungen der schwachen generativen Kapazität sind dagegen von marginalem Interesse, es sei denn, sie führen zu negativen Schlußfolgerungen. Natürlich können Fragen der deskriptiven Adäquatheit in Bezug auf eine Theorie nicht einmal gestellt werden, solange nicht wenigstens die Bedingungen (9i) bis (9iv) erfüllt sind. Vgl. S. 12.

Wenden wir uns wieder dem Hauptthema zu. Mir scheint, daß beide Behauptungen aus (13) bewiesen sind und außer Zweifel stehen und weiterhin daß keine Alternativen zur Transformationsgrammatik bekannt sind, die annähernd die Bedingungen der deskriptiven oder explanativen Adäquatheit erfüllen.[22]

Um zusammenzufassen: Eine Sprachtheorie hat nur insoweit substantiellen Charakter als sie die Bedingungen (9i—iv) von S. 11 erfüllt. In dem Umfang, wie diese Bedingungen erfüllt sind, können wir die Frage nach der deskriptiven Adäquatheit stellen. Wenn darüberhinaus eine Bewertungsprozedur der auf S. 13 diskutierten Art zur Verfügung steht, können wir auch die Frage nach der explanativen Adäquatheit stellen. Die veröffentlichte Literatur gibt keinen Grund zu der Annahme, daß deskriptive oder explanative Adäquatheit außerhalb des Systems der generativen Transformationsgrammatik zu erreichen sei oder daß dieser Ansatz zur Entwicklung einer substantiellen Sprachtheorie auf irgendeiner schwerwiegend fehlgreifenden Auffassung beruhte. Dieser Ansatz ist seinem allgemeinen Charakter nach ganz traditionell. Er entwickelt und erweitert die Vorstellungen, die seit langem Teil der allgemeinen Sprachtheorie gewesen sind und die in der Praxis angewendet worden sind. Der Schluß scheint daher berechtigt, daß die bisher erzielten Erfolge und die Beständigkeit gegen schwerwiegende Einwände eine weitere Rechtfertigung der reichen Tradition der syntaktischen Theorie liefern, die durch den modernen Strukturalismus weitgehend verdrängt worden ist.

3. Die Theorie der generativen Transformationsgrammatik

Nachdem ich die beiden ersten Teile des in dem einleitenden Abschnitt skizzierten Entwurfs behandelt habe, möchte ich mich nun sehr viel kürzer den Teilen drei, vier und fünf zuwenden. Diese werden sehr viel detaillierter in Chomsky (1965) erörtert und in den Arbeiten, auf die dort Bezug genommen wird.

In der frühesten Version der generativen Transformationsgrammatik wurden die folgenden allgemeinen Annahmen gemacht, die die syntaktische Struktur betreffen. Die syntaktische Komponente einer Grammatik besteht aus zwei Arten von Regeln: Ersetzungsregeln und Transformationsregeln. Die Ersetzungsregeln konstituieren eine Phrasenstrukturgrammatik (möglicherweise unter der Bedingung der linearen Ordnung). Jede Regel hat, mit anderen Worten, die Form $A \rightarrow X$ (mit der möglichen Beschränkung auf den Kontext Z — W), wobei A ein Kategoriensymbol ist, und X, Z, W Ketten von Kategoriensymbolen oder Endsymbolen sind. Die Ketten, die von diesem System erzeugt werden, können wir *Basisketten* (base strings) nennen (ein alternativer Ausdruck ist C-terminale Ketten). Im Verlauf der Erzeugung einer Kette wird ihr von dem System der Ersetzungsregeln (wir wollen dies die *Basiskomponente* (base component) der Syntax nennen) ein P-Marker zugeschrieben, den wir Basis-P-Marker nennen können, und der durch indizierte Klammerung repräsentiert werden kann oder durch ein Baumdiagramm, dessen Knoten durch Kategorien indiziert werden.

Die Transformationsregeln bilden P-Marker auf neue, abgeleitete P-Marker ab. Jede Transformationsregel ist durch eine *Strukturanalyse* definiert, die eine Bedingung über die Klasse von P-Markern, auf die sie anwendbar ist, aufstellt, und die Analyse der Endkette dieses P-Markers in aufeinanderfolgende Teile spezifiziert. Die Bestimmung der Transformation wird dadurch vervollständigt, daß diese Strukturanalyse mit einer bestimmten *elementaren Transformation* verbunden wird, welche eine formale Operation über Ketten einer bestimmten, eng begrenzten Klasse ist. Detailliertere Ausführungen finden sich in den Arbeiten, auf die oben Bezug genommen wurde. Wenn wir das ‚Produkt' zweier P-Marker als den neuen P-Marker definieren, der im Wesentlichen durch die Verkettung der indizierten Klammerungen[1] abgeleitet wird, können wir die Transformationen, die generalisierte

Transformationen (oder Transformationen mit doppelter, dreifacher usw. Basis) genannt worden sind, auf einen P-Marker anwenden, der eine Folge von P-Markern repräsentiert, und ein solches Produkt mit demselben Apparat, der für den singulären Fall erforderlich ist, auf einen neuen P-Marker abbilden. Die Transformationen erfüllen bestimmte Bedingungen der Reihenfolge oder ‚Ordnung' (ich werde unten auf sie zurückkommen), die in einem gesonderten Teil der Grammatik dargestellt werden müssen. Diese Bedingungen beinhalten eine Spezifizierung bestimmter Transformationen als *obligatorisch* oder obligatorisch in Relation zu bestimmten Folgen von Transformationen. Um einen Satz zu erzeugen, wählen wir eine Folge von (einem oder mehreren) Basis-P-Markern und wenden singuläre und generalisierte Transformationen auf sie an, wobei wir die Ordnung und die Bedingung der Verbindlichkeit (obligatoriness) berücksichtigen, bis wir als Ergebnis einen einzigen P-Marker erhalten, der von S (der Anfangskategorie (initial category), die für ‚Satz' steht) dominiert wird. Wenn wir einen einzelnen Basis-P-Marker auswählen und nur obligatorische Transformationen auf ihn anwenden, nennen wir den resultierenden Satz einen Kernsatz (kernel sentence); (ein Kernsatz ist nicht mit der Basiskette zu verwechseln, die ihm, wie möglicherweise vielen anderen, komplexeren Sätzen zugrundeliegt).

Wir können das System der Transformationen, das in dem Prozeß der Ableitung zur Anwendung kommt, als Transformationsmarker- (T-Marker) darstellen. Zur Veranschaulichung betrachten wir den Satz

(18) I expected the man who quit work to be fired.
(Ich erwartete, daß der Mann, der aufgehört hatte zu arbeiten, hinausgeschmissen wurde.)

Die transformationelle Ableitung von (18) kann durch den T-Marker (19) repräsentiert werden. In dieser Repräsentation sind B_1, B_2 und B_3 die drei Basis-P-Marker, die den (Kern-) Sätzen (20i) – (20iii) zugrundeliegen:[2]

(19)

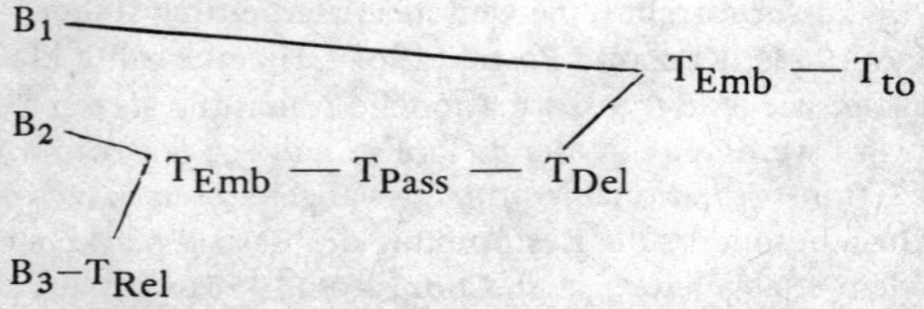

(20) (i) I expected it
(Ich erwartete es)
(ii) someone fired the man
(Jemand warf den Mann hinaus)
(iii) the man quit work
(Der Mann hörte auf zu arbeiten)

Die Interpretation von (19) ist unproblematisch. Der T-Marker (19) repräsentiert die Tatsache, daß wir, um (18) darzustellen, die drei Basisstrukturen nehmen, die (20i–iii) zugrundeliegen, und folgendermaßen verfahren. Wende zunächst die Relativtransformation, T_{Rel}, auf den Basis-P-Marker B_3 an, die ihn in 'wh (the man) quit work' mit seinem abgewandelten P-Marker umwandelt oder genau genommen in die abstrakte Kette, die diesem Komplex zugrundeliegt – vgl. Anm 2). Nenne diese neue Struktur K_1. Wende an dieser Stelle die generalisierte Einbettungstransformation, T_{Emb}, auf das Strukturpaar (B_2, K_1) an, um das Vorkommen von *the man* in dem eingebetteten Satz in dem Vorgang zu tilgen, durch den die Kette 'someone fired the man who quit work' mit ihrem abgeleiteten P-Marker K_2 entsteht. Auf K_2 wende die Passivtransformation, T_{Pass}, an, um 'the man who quit work was fired' mit dem abgeleiteten P-Marker K_4 hervorzubringen. Wende jetzt auf das Strukturpaar (B_1, K_4) die generalisierte Einbettungstransformation, T_{Emb}, an, wodurch 'I expected the man who quit work was fired' mit dem abgeleiteten P-Marker K_5 entsteht. Auf K_5 wende die singuläre Transformation T_{to} an, was zu dem Satz (18) mit seinem abgeleiteten P-Marker K_6 führt.

Ich hebe nochmals hervor, daß wir erst dann einen wirklichen ‚Satz', – d.h. eine Kette von Elementen, die eine ‚Ausgabe' der syntaktischen Komponente der Grammatik und eine ‚Eingabe' der phonologischen Komponente darstellt – haben, wenn alle Transformationen abgeschlossen sind.

Vielleicht reicht dieses Beispiel aus, um den Inhalt des Begriffs ‚T-Marker' zu vermitteln (eine weitere Ausarbeitung findet sich in Chomsky (1955), Katz und Postal (1964). Hieraus sollte klar geworden sein, wie jede transformationelle Ableitung als ein T-Marker repräsentiert werden kann, der die vollständige ‚Transformationsgeschichte' (transformational history) des abgeleiteten Satzes darstellt, worin besonders die Bestimmung des Basis-P-Markers enthalten ist, von dem er abgeleitet ist. In Chomskys (1955) wird auf abstrakte und einheitliche Weise eine allgemeine Theorie der sprachlichen Ebenen entwickelt, wobei die Phasenstruktur und die Transformationen je eine sprachliche Ebene konstituieren. Auf jeder Ebene werden Marker konstruiert, die einen Satz repräsentieren. Im besonderen erfüllen die abgeleiteten P-Marker und die T-Marker diese Funktion auf der Phrasenstruktur- resp. auf der Transformations-Ebene. Jede Ebene ist ein System von Repräsentationen, bestehend aus gewissen Grundeinheiten (elementaren atomischen Symbolen dieser Ebene). Auf der Ebene der Phrasenstruktur sind die Grundeinheiten Kategoriensymbole und Endsymbole. Auf der Ebene der Transformation sind die Grundeinheiten Basis-P-Marker und Transformationen. Ein Marker ist eine Kette von Grundeinheiten oder eine Menge solcher Ketten. Sowohl P-Marker als auch Transformations-Marker können auf diese Weise repräsentiert werden. Die Ebenen sind hierarchisch organisiert und wir können uns vorstellen, daß die Marker jeder Ebene auf den Marker der nächst niedrigeren Ebene abgebildet werden und den Marker der untersten Ebene (d.h. die phonetischen Repräsentation, die der Marker auf der untersten, der phonetischen Ebene ist – wobei die Grundeinheiten dieser Ebene Merkmalsmengen sind) repräsentieren, der unmittelbar mit einem wirklichen Signal verbunden ist. Wir beschränken die Erörterung hier auf die Ebenen der Phrasenstruktur und der transformationellen Struktur.

Die allgemeine Anforderung an eine syntaktische Theorie ist, daß sie die Begriffe ‚Tiefenstruktur' und ‚Oberflächenstruktur' definiert, welche die Eingabe der semantischen respektive phonologischen Komponente einer Grammatik darstellen (siehe oben), und daß sie genau darstellt, wie eine syntaktische Beschreibung, die aus einer Tiefenstruktur und einer Oberflächenstruktur besteht, durch die syntaktische Regeln erzeugt wird. Diese Anforderungen werden von der oben umrissenen Theorie auf folgende Weise erfüllt. Die Ersetzungsregeln der Basiskomponente und die Regeln, die die Ordnung und Reihenfolge der Transformationen bestimmen, erzeugen auf die gerade skizzierte Weise eine infinite Klasse von T-Markern. Wir nehmen an, daß der T-Marker die Tiefenstruktur ist; und wir nehmen an, daß der abgeleitete P-Marker, der die Endausgabe der in dem T-Marker repräsentierten Operationen ist, die Oberflächenstruktur ist. Demnach ist im Falle von (18) der T-Marker, der als (19) repräsentiert wird, die Tiefenstruktur, und die Oberflächenstruktur ist das, was wir als K_6 bezeichnet haben. Der P-Marker K_6 muß dann alle Informationen enthalten, die für die Determination der Form des Signals, das (18) entspricht, wichtig sind (d.h. er muß durch Regeln der phonologischen Komponente auf eine phonetische Repräsentation von (18) abgebildet werden); der T-Marker (19) muß alle Informationen enthalten, die für die semantische Interpretation von (18) wichtig sind.

Um die Theorie zu vervollständigen, müssen wir eine Beschreibung der phonologischen und der semantischen Komponente hinzufügen, welche die Oberflächenstrukturen bzw. Tiefenstrukturen interpretieren. Die phonologische Komponente werde ich in Anlehnung an die Vorschläge, die in R. Jakobson, G. Fant und M. Halle (1952), Chomsky, Halle und Lukoff (1956), Halle (1959; 1962; 1964), Chomsky (1962b) und in anderen verwandten Veröffentlichungen gemacht werden, im vierten Abschnitt kurz diskutieren. Die Theorie der semantischen Interpretation ist, wie oben bereits bemerkt wurde, in einem weit weniger entwickelten Stadium, obwohl in letzter Zeit durchgeführte Arbeiten von Katz, Fodor und Postal sehr ermutigend waren, und auch für die Syntaxtheorie, wie wir gleich bemerken werden, wichtige Konsequenzen gehabt haben.

Eine Theorie der semantischen Interpretation, die auf dem oben umrissenen syntaktischen Modell basiert, müßte erstens eine Charakterisierung des Begriffs ‚semantische Interpretation eines Satzes' liefern und zweitens ein System von Regeln, um ein solches Objekt einer Tiefenstruktur, d.h. einem T-Marker, zuzuschreiben.

Analog muß eine Theorie der phonetischen Interpretation den Begriff ‚phonetische Interpretation eines Satzes' spezifizieren – sie muß, mit anderen Worten, ein universelles phonetisches Alphabet spezifizieren – und sie muß ein System von Regeln liefern, um ein solches Objekt einer Oberflächenstruktur, d.h. dem letzten abgeleiteten P-Marker eines Satzes, zuzuschreiben. Der Begriff ‚semantische Interpretation eines Satzes' verbleibt für den Augenblick in einem ziemlich einfachen Stadium. Es sind gleichwohl mehrere wichtige Schritte zu der Erforschung der Regeln, die semantische Interpretationen Tiefenstrukturen zuschreiben, gemacht worden.

Zunächst einmal ist ganz offensichtlich, daß die grammatischen Relationen zwischen den Elementen der Kette, die einen Satz repräsentiert, und die grammatischen Funktionen (d.h. Subjekt, Objekt, etc.), die diese Elemente erfüllen, für die semantische Information grundlegende Informationen liefern. Außerdem ist seit den Anfängen der Forschungsarbeiten zur Transformationsgrammatik klar, daß es die grammatischen Relationen und die grammatischen Funktionen, die in den Basis-P-Markern, die einem Satz zugrundeliegen, sind, die für seine semantische Interpretation entscheidend sind (zum Beispiel ist nicht das ‚grammatische Subjekt' eines Passivsatzes, sondern eher sein ‚logisches Subjekt' in dem für die semantische Interpretation relevanten Sinn das Subjekt). Dies ergibt sich ganz deutlich aus der Betrachtung der in diesem Aufsatz diskutierten Beispiele. Diese Beispiele sind primär zur Illustration dieser Tatsache ausgewählt worden, wie es für erläuternde Abhandlungen der Transformationsgrammatik charakteristisch ist. Wie oben bereits hervorgehoben wurde, sind es Fälle von grammatischen Relationen und Funktionen, die in der Oberflächenrepräsentation (der IC-Analyse) verschleiert werden, die die primäre Motivation für die Ablehnung jeglicher Versionen der taxonomischen Syntax und für die Entwicklung der Theorie der Transformationsgrammatik liefern.

Meines Wissens finden sich die erste explizite Erörterung grammatischer Relationen der Tiefenstruktur, die in der wirklichen physischen Form und Organisation des Satzes nicht repräsentiert sind, und die erste allgemeine Erörterung ihrer Wichtigkeit für die semantische Interpretation in der *Grammaire générale et raisonnée* von Port-Royal (1660). Eine kurze Stellungnahme findet sich in Chomsky (1964: § 1) und eine nähere Erörterung in Chomsky (1966). In der modernen Linguistik ist dieselbe Einsicht in etwas anderen Begriffen von Harris in seinen frühen Arbeiten über Transformationen[3] zum Ausdruck gebracht worden, und dieser Punkt wird ebenfalls in Chomsky (1955; 1957) und in allen folgenden Arbeiten über Transformationsgrammatik hervorgehoben.

Um über diese Beobachtung hinauszugehen, ist es notwendig, grammatische Relationen und Funktionen zu definieren und zu zeigen, auf welche Weise die Relationen und Funktionen der Basis-P-Marker eine Rolle bei der Bestimmung der semantischen Interpretation des Satzes spielen, dem sie zugrundeliegen. Eine Phrasenstrukturgrammatik ist tatsächlich ein sehr natürlicher Mechanismus, um einer erzeugten Kette ein System grammatischer Relationen und Funktionen zuzuordnen. Diese werden, wie häufig genug gezeigt worden ist, in dem P-Marker, der einer durch solche Regeln erzeugten Kette zugeordnet ist, direkt repräsentiert. Vielfältige Möglichkeiten, diese Begriffe zu definieren, werden in Chomsky (1955; 1964; 1965) und Postal (1964a) diskutiert. Zur Konkretisierung wollen wir eine übertrieben vereinfachte Phrasenstrukturgrammatik mit den Regeln (21) betrachten:

(21)
S → NP VP
VP → V NP
NP → *John, Bill*
V → *saw*

Diese Grammatik erzeugt die Kette 'John saw Bill' (John sah Bill) mit dem P-Marker (22):

(22)

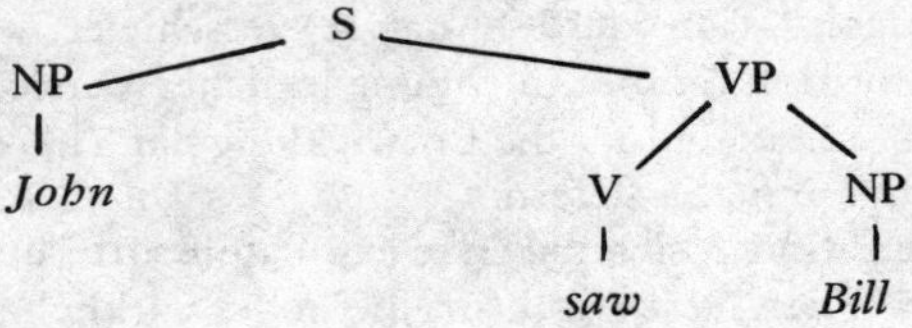

Mit der grammatischen Regel A → XBY können wir die *grammatische Funktion* [B, A] verbinden. In Verbindung mit den Regeln aus (21) erhalten wir so die grammatischen Funktionen [NP, S], [VP, S], [V, VP], [NP, VP]. Diesen können wir die konventionellen Namen *Subjekt-von, Prädikat-von, Hauptverb-von* respektive *Objekt-von* geben. Wenn wir die bekannten Definitionen dieser Begriffe heranziehen, können wir sagen, daß in bezug auf den P-Marker (22) *John* das Subjekt des Satzes, *saw Bill* das Prädikat des Satzes, *saw* das Hauptverb der Verbalphrase und *Bill* das Objekt der Verbalphrase sind. Schließlich können wir die grammatischen Relationen (Subjekt-von, Verb-von, etc.) mit Hilfe dieser und anderer Begriffe definieren und man kann auf vielfältige Weise versuchen, einzelsprachunabhängige Definitionen für die zentralen Begriffe zu formulieren (detailliertere Ausführungen hierzu finden sich in den zitierten Arbeiten). Der entscheidende Punkt hierbei ist, daß eine Phrasenstrukturgrammatik in keiner Weise ergänzt werden muß, um den Ketten, die sie erzeugt, diese Eigenschaften zuzuordnen. Wenn wir den relationalen Charakter dieser Begriffe einmal erkannt haben, sehen wir sofort, daß sie auch ohne eine weitere Präzisierung der Regeln auf adäquate Weise zugeordnet sind.

Übrigens können wir die grammatischen Funktionen statt mit Hilfe der Erzeugungsregeln auch mittels des P-Markers selbst auf naheliegende Art und Weise definieren. Wenn wir dies tun, erhalten wir einen allgemeineren Begriff von ‚grammatische Funktion', der auf abgeleitete P-Marker ebenso anwendbar ist wie auf Basis-P-Marker. Ich werde mich mit diesem Problem hier nicht weiter beschäftigen, da es in jedem Falle lediglich die Funktionen der Basis-P-Marker sind, die für die semantische Interpretation relevant sind (siehe aber die Diskussion der Rolle der so definierten ‚Oberflächenfunktionen' in Chomsky (1965; dt 1969: 274f)).

Der erste Versuch, eine Theorie der semantischen Interpretation als integralen Bestandteil einer expliziten (d.h. generativen) Grammatik zu entwickeln, findet sich in Katz und Fodor (“The structure of a semantic theory”; dt. ‚Die Struktur einer semantischen Theorie'). Dies ist die erste Untersuchung, die über die Behauptung hinausgeht, daß die Basis-P-Marker, die einem Satz zugrundeliegen, in irgendeinem Sinne die grundlegenden Inhaltselemente sind, die seine semantische Interpretation determinieren. Indem sie sich auf die oben umrissene Erklärung der syntaktischen Struktur stützen, behaupten Katz und Fodor, daß die semantische Komponente einer Grammatik ein rein interpretatives System von Regeln sein sollte, die eine Tiefenstruktur (einen T-Marker) auf eine semantische Interpretation abbilden, wobei in dem Prozeß drei Informationsarten verwendet werden; (i) intrinsische semantische Merkmale der lexikalischen Einheiten; (ii) die grammatischen Funktionen, die durch die Basisregeln definiert werden; und (iii) die Struktur des T-Markers. Die semantische Komponente sollte zwei Arten von ‚Projektionsregeln' enthalten. Durch den Regeltyp 212 werden den Kategorien der Basis-P-Marker semantische Interpretationen (‚Lesarten' (readings)) zugeordnet. Dies geschieht mit Hilfe der zuvor den Elementen, die von diesen Kategorien dominiert werden (die zu ihnen gehören), zugeordneten Lesarten, wobei mit den intrinsischen Lesarten der lexikalischen Einheiten begonnen wird, und die grammatischen Funktionen, die durch die Konfigurationen der Basis-P-Marker definiert sind, verwendet werden, um zu bestimmen, wie die Lesarten der höheren Ebene zugeordnet werden, – und um schließlich der dominierenden Kategorie S eine Lesart zuzuordnen. Die Projektionsregeln des Typs 2 benutzen die auf diese Weise den Basis-P-Markern zugeordneten Lesarten und bestimmen mit Hilfe der in dem T-Marker repräsentierten Elemente und Konfigurationen die semantische Interpretation des vollständigen Satzes. Über die Regeln des Typs 2 wird nicht sehr viel gesagt; wie wir weiter unten sehen werden, ist dies jedoch keine schwerwiegende Lücke in ihrer Theorie.

Mit diesem kurzen Überblick beschließen wir Teil drei des Entwurfs des einleitenden Abschnitts, nachdem wir nun eine bestimmte Theorie der generativen Grammatik skizziert haben, die die fundamentale Unfähigkeit der taxonomischen Syntax, einen adäquaten

Begriff der Tiefenstruktur zu liefern, teilsweise überwindet.

Ich wende mich jetzt dem vierten Teil des Entwurfs zu und möchte einige Mängel betrachten, die sich bei der Anwendung der eben skizzierten Theorie auf sprachliches Datenmaterial herausgestellt haben.

In Lees (1960) wird gezeigt, daß die Negationstransformationen aus Chomsky (1957)[4] nicht korrekt formuliert ist. Er zeigt, daß es syntaktische Argumente für eine alternative Formulierung gibt, in der das Negationselement nicht durch eine Transformation eingeführt wird, sondern vielmehr ein optimales Element ist, das durch Ersetzungsregeln der Basis eingeführt wird, wobei die Transformation lediglich dazu dient, es in die richtige Position im Satz zu stellen. E.S. Klima hat ungefähr zur gleichen Zeit darauf hingewiesen, daß dasselbe für die Fragetransformation aus Chomsky (1957) zutrifft. Es gibt syntaktische Argumente für die Annahme eines abstrakten ‚Frage-Markers', der durch Basisregeln als Element eingeführt wird, wobei die Fragetransformation dann durch das Vorkommen dieses Markers bedingt ist (d.h. sie ist obligatorisch, wenn er in der Kette erscheint und andernfalls nicht anwendbar). Eine weitere Ausarbeitung dieser Ansicht und weitere Argumente, die sie unterstützen, werden in Katz und Postal (1964) vorgelegt. Man vergleiche außerdem auch Klima (1964).

In Katz und Postal wird weiterhin festgestellt, daß dasselbe auch für die Imperativtransformation aus früheren Arbeiten gilt. Durch diese und andere Beobachtungen kommen Katz und Postal dann zu dem Schluß, daß alle singulären Transformationen, die die Bedeutung berühren, durch das Vorkommen derartiger Marker bedingt sind; mit anderen Worten, die Regeln der semantischen Komponente brauchen sich nicht auf die singulären Transformationen an sich zu beziehen, da jeder Beitrag, den diese zu der Bedeutung des Satzes machen, als intrinsische Eigenschaft des Markers angesehen werden kann, der ihre Anwendbarkeit determiniert, und die daher in den Basisstrukturen durch die Projektionsregeln des Typs 1 behandelt werden können. Es folgt dann, daß die Funktion der Projektionsregeln des Typs 2 in weit stärkerem Maße eingeschränkt ist, als Katz und Fodor gezwungen waren anzunehmen, da sie das Vorkommen von singulären Transformationen in einem T-Marker nicht zu berücksichtigen brauchen.

Im Hinblick auf die generalisierten Transformationen führen Katz und Postal eine detaillierte Analyse vieler in früheren Untersuchungen beschriebenen Beispiele durch, die einen Beitrag generalisierter Transformationen zu der semantischen Interpretation des erzeugten

Satzes auf eine Weise, die über einfache ‚Amalgamierung' hinausgeht, zu beweisen scheinen. Sie argumentieren (wie mir scheint auf ziemlich überzeugende Weise), daß es in jedem derartigen Fall syntaktische Gründe dafür gibt, diese Beschreibung als fehlerhaft anzusehen; außerdem vertreten sie den Standpunkt, daß die einzige Funktion der generalisierten Transformation in jedem dieser Fälle die Einbettung eines Satztransformats in die Position ist, die in der zugrundeliegenden Struktur bereits spezifiziert ist (zum Beispiel durch das Vorhandensein eines Platzhaltersymbols).

Durch Verallgemeinerung dieser vielfältigen Beobachtungen kommen sie zu der Schlußfolgerung, daß soweit die semantische Interpretation betroffen ist, die einzige Funktion der generalisierten Transformationen darin besteht, die semantischen Interpretationen der P-Marker, über denen sie operieren, miteinander in Beziehung zu setzen, mit anderen Worten, die Lesart für den eingebetteten P-Marker in die bereits in dem P-Marker, in den sie eingesetzt wird, (durch ein Platzhalterelement) markierte Position einzusetzen. Demnach ist der einzige Aspekt des T-Markers, der bei der semantischen Interpretation beachtet werden muß, die Beziehung, die durch die Knoten, an denen generalisierte Transformationen in der Repräsentation auftauchen, bestimmt ist. Darüberhinaus scheinen die Transformationen für die semantische Interpretation keine Rolle zu spielen. Somit ist die Funktion der Regeln des Typs 2 noch weiter eingeschränkt.

Dieses Prinzip vereinfacht ganz offensichtlich die Theorie der semantischen Komponente, wie sie in Katz und Fodor (1963) vorgelegt wurde, beachtlich. Deshalb ist es wichtig zu beachten, daß in der Argumentation von Katz und Postal nichts unhinterfragt als erwiesen angesehen wird. Das bedeutet, die Rechtfertigung dieses Prinzips ist nicht, daß es die semantische Theorie vereinfacht, sondern vielmehr, daß in jedem Fall, in dem offensichtlich dagegen verstoßen wurde, syntaktische Argumente vorgelegt werden können, um zu zeigen, daß die Analyse aus inneren syntaktischen Gründen fehlerhaft war. In Anbetracht dieser Beobachtungen ist es sinnvoll, das Prinzip versuchsweise als allgemeine Eigenschaft der Grammatik zu formulieren. Weiterhin scheint es gute Gründe dafür zu geben, anzunehmen, daß sogar die Passivtransformation durch das Auftreten eines abstrakten Markers in der zugrundeliegenden Kette bedingt ist (siehe Chomsky (1965), für einen Überblick über syntaktische Argumente, die diese Annahme unterstützen) und nicht als optimal anzusehen ist, wie in früheren Arbeiten angenommen wurde. Es hat folglich den Anschein, daß alle singulären Transformationen außer denen, die ‚rein stilistisch' sind (vgl. Chomsky (1965, dt. 1969: 275-277) für eine Erörterung dieser Unterscheidung – eine Erörterung, die, nebenbei bemerkt, keineswegs zufriedenstellend ist, obwohl hier, wie mir scheint, eine wirkliche und wichtige Unterscheidung involviert ist), durch Marker in den Basisketten bedingt sind, gleichviel ob diese Transformationen nun eine Wirkung auf die semantische Interpretation haben oder nicht.

Unabhängig von diesen Entwicklungen hat C.J. Fillmore darauf hingewiesen, daß die Organisation von T-Markern vielen Beschränkungen unterliegt, die über diejenigen hinausgehen, die in früheren Versuchen, eine Theorie der Transformationsgrammatik zu formulieren, angenommen wurden, (Fillmore, (1963)). Seine Beobachtungen ergaben im Wesentlichen Folgendes: es gibt keine festgelegte Ordnung der generalisierten Transformationen, obwohl singuläre Transformationen eine (offensichtlich lineare) Ordnung haben; es gibt keine singulären Transformationen, die auf einen Matrixsatz angewendet werden müssen, bevor ein Teilsatz durch eine generalisierte Einbettungstransformation in ihn eingebettet wird,[5] obwohl es sehr viele Beispiele singulärer Transformationen gibt, die auf einen Matrixsatz angewendet werden müssen, nachdem ein Konstituentensatz in ihn eingebettet worden ist, und die auf einen Teilsatz angewendet werden müssen, bevor er eingebettet wird; Einbettung sollte eher als Ersetzung eines ‚Platzhaltersymbols' durch ein Satztransformat angesehen werden denn als Einsetzung dieses Transformats in eine kategorial unspezifizierte Position. Die letzte Beobachtung wird von Katz und Postal, (1964), wie oben schon bemerkt, weiter ausgearbeitet.

Wenn wir nun zu dem oben als Beispiel verwendeten T-Marker (19) zurückkehren, stellen wir fest, daß er genau die Eigenschaften hat, die Fillmore skizziert. Das heißt, singuläre Transformationen werden erst nach der Einbettung auf einen Matrixsatz angewendet und eine Ordnung besteht nur unter den singulären Transformationen. Die frühere Theorie der T-Marker hat jedoch die Möglichkeit einer Ordnung sehr viel komplexerer Art offen gelassen. Daher ist es ganz natürlich, diese empirischen Beobachtungen zu verallgemeinern und als allgemeine Bedingung vorzuschlagen, daß T-Marker immer die Bedingungen von Fillmore erfüllen müssen und die in (19) illustrierte Form haben müssen.

So formuliert erscheint dieses Prinzip ziemlich ad hoc, aber es gibt eine andere Möglichkeit, genau dasselbe auf ganz natürlich erscheinende Weise zu sagen. Wenn keine singulären Transformationen vor der Einbettung auf einen Matrix-P-Marker angewendet werden, und wenn außerdem jegliche Einbettung die Einsetzung eines Teilsatz-P-Markers in die durch ein Platzhalterelement in der Matrixstruktur markierte Position beinhaltet, dann können wir in der Tat auf generalisierte Transformationen völlig verzichten. Anstatt Teilsatz-P-Marker durch Einbettungstransformationen einzuführen, können wir zulassen, daß die Ersetzungsregeln der Basis, das Anfangskategoriensymbol S einführen, d.h. wir können Ersetzungsregeln der Form A →...S... zulassen.

Immer wenn ein solches Symbol eingeführt wird, können wir zulassen, daß es an der Spitze einer neuen Basisableitung steht. Kurz gesagt, wir können das linear geordnete System von Ersetzungsregeln der Basis auf zyklische Weise anwenden, indem wir jedesmal, wenn wir auf ein erneutes Vorkommen eines durch eine Ersetzungsregel eingeführten S stoßen, zum Beginn der Folge zurückkehren. Wenn wir auf diese Weise verfahren, konstruieren wir, was wir einen *generalisierten P-Marker* nennen können.

Nun werden wir die lineare Folge der singulären Transformationen auf die folgende Art und Weise anwenden. Wende die Folge zuerst auf die am tiefsten eingebettete Struktur, die in dem generalisierten P-Marker von S dominiert wird, an. Nachdem die Anwendung der Regeln auf jede derartige Struktur abgeschlossen ist, wende die Folge auf die ‚nächst-höhere' in dem generalisierten P-Marker von S dominierte Struktur erneut an. Fahre auf diese Weise fort, bis schließlich die Folge von Transformationen auf die Struktur angewendet wird, die von dem Vorkommen des Symbols S dominiert wird, das die erste Anwendung der Basisregeln einleitete, d.h. auf den generalisierten P-Marker als Ganzen. Mit dieser Formulierung haben wir tatsächlich die speziellen formalen Eigenschaften des T-Markers (19) als allgemeine Eigenschaften jeder transformationellen Ableitung ausgewiesen.

Wir wollen nun unter Berücksichtigung der vorgeschlagenen Revision der Theorie der Transformationsgrammatik zu den Beispielen (18)–(20) zurückkehren. Durch die Anwendung der Ersetzungsregeln der Basis konstruieren wir den generalisierten P-Marker (23) (wobei wir alles außer den zentralen Konfigurationen und viele Details aussparen).

Die in (19) angezeigten Transformationen werden nun obligatorisch in der folgenden Ordnung angewendet. Zunächst wird T_{Rel} auf die am tiefsten eingebettete Struktur angewendet. Dann wenden wir uns der nächst höheren Struktur zu, d.h. derjenigen, die von dem Vorkommen von S in der vierten Zeile von (23) dominiert wird. An diesem Punkt vertauscht eine (in (19) nicht angezeigte, obwohl auch in der früheren Formulierung notwendige) Inversionsregel den Relativsatz und das folgende N. Daraufhin wenden wir die Passivtransformation und die darauf folgende Tilgung des unspezifizierten Subjekts an, wobei diese Operation jetzt durch die Platzhalterelemente Passiv und △(das für die unspezifizierte Kategorie steht) in (23) gekennzeichnet sind. Da an dieser Stelle keine weiteren Transformationsregeln anzuwenden sind, wenden wir uns der nächst höheren von S dominierten Struktur zu – in diesem Fall dem ganzen generalisierten P-Marker. Hierauf wenden wir wie zuvor T_{to} an, was zu (18) führt. Die in dem T-Marker (19) angezeigten Transformationen sind nun obligatorisch und die Struktur des T-Markers (19) ist – die allgemeine Konvention für die zyklische Anwendung von Transformationen vorausgesetzt–durch (23) selbst völlig determiniert.

(23)

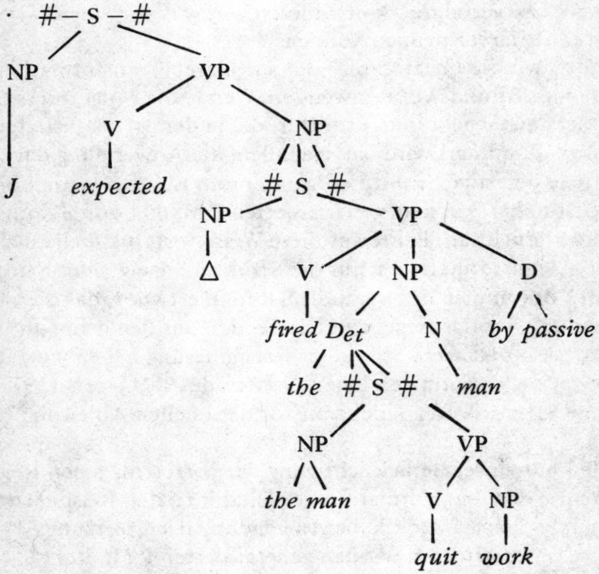

Nun sind alle für die semantische Interpretation von (18) wichtigen Informationen in dem (18) zugrundeliegenden generalisierten P-Marker (23) enthalten. Außerdem wird dasselbe auf alle anderen Fälle zutreffen, wenn die oben vorgeschlagenen Modifikationen richtig sind. Durch das von Katz und Postal vorgeschlagene Prinzip werden die singulären Transformationen keinen intrinsischen Beitrag zur Bedeutung machen, und die generalisierten Transformationen tun dies nur insoweit, als sie Basis-P-Marker miteinander in Beziehung setzen. Aber jetzt haben wir die generalisierten Transformationen zu Gunsten einer rekursiven Operation in der Basis eliminiert. Folglich sollten alle für die Operation der interpretativen semantischen Komponente wichtigen Informationen in dem durch die Basisregeln erzeugten generalisierten P-Marker enthalten sein.

Die Vorzüge dieser Modifikation sind offensichtlich. Sie liefert eine stärker strukturierte Theorie, deren Aussagekraft schwächer ist; mit anderen Worten, sie schließ prinzipiell bestimmte Arten von Ableitungsmustern aus, die von früheren Versionen der transformationellen Theorie zugelassen, aber niemals wirklich gefunden wurden. Da es das primäre Ziel der linguistischen Theorie ist, die spezifischen Eigenschaften von einzelnen Sprachen anhand von Hypothesen über die Sprachstruktur im allgemeinen zu erklären, ist jede derartige Verstärkung der Beschränkungen der allgemeinen Theorie ein bedeutender Fortschritt. Außerdem gibt es einen guten Grund für eine derartige Bereicherung der Struktur (und daher Verminderung der Aussagekraft) der transformationellen Theorie, nämlich den, daß diese Modifikation uns erlaubt, den Begriff der generalisierten Transformation (und mit ihm den Begriff 'T-Marker') aus der Syntaxtheorie zu eliminieren. Daher ist die Theorie begrifflich einfacher. Schließlich kann die Theorie der semantischen Komponente dadurch vereinfacht werden, daß der Typ 2 der Projektionsregeln überhaupt nicht mehr erforderlich ist.

Zusammenfassend schlagen wir vor, daß die syntaktische Komponente einer Grammatik aus Ersetzungsregeln und Transformationsregeln besteht. Es wird zugelassen, daß die Ersetzungsregeln das Anfangssymbol S einführen. Diese Regeln werden in linearer Folge angewendet; wenn das Anfangssymbol S in einer Ableitung auftritt, wird die Regelfolge von neuem angewendet, um auf die übliche Art und Weise eine von diesem Symbol dominierte Unterableitung darzustellen. Die rekursive Eigenschaft der Grammatik (ihr ‚kreativer Aspekt', um auf die oben verwendete Terminologie zurückzukommen) ist auf die Basiskomponente beschränkt. Tatsächlich könnte diese Einschränkung noch stärker sein, da die Rekursivität auf die Einführung des Symbols S, d.h. auf die Einführung des ‚propositionalen Gehalts' beschränkt sein könnte. Dies ist keine notwendige Eigenschaft einer Phrasenstrukturgrammatik.

Die Basisregeln, die in der gerade skizzierten Weise angewendet werden, bilden generalisierte P-Marker. Die Funktion der Transformationsregeln ist die Abbildung von generalisierten P-Markern auf abgeleitete P-Marker. Wenn die Transformationsregeln den generalisierten P-Marker M_D auf den abschließenden abgeleiteten P-Marker M_S des Satzes *X* abbilden, dann ist M_D die Tiefenstruktur von *X* und M_S ist seine Oberflächenstruktur.

Dieser Ansatz zur Syntax formalisiert auf *eine* spezifische Weise die Ansicht, daß die phonetische Form eines Satzes durch seine aktuale indizierte Klammerung determiniert ist, während die semantische Interpretation durch die intrinsischen semantischen Eigenschaften seiner lexikalischen Einheiten determiniert wird, sowie durch ein nicht notwendigerweise in der Oberflächenstruktur repräsentiertes Netz grammatischer Relationen, die diese Einheiten miteinander verbinden [vgl. (13)]. Die zugrundeliegenden grammatischen Relationen werden durch die Basisregeln determiniert. Dieses abstrakte System von Kategorien und Relationen steht mit der indizierten Klammerung des wirklichen Satzes durch Transformationsregeln und die interpretativen Regeln der phonologischen Komponente in Beziehung. Es gibt recht gute Gründe für die Annahme, daß die Basisregeln ziemlich eng eingeschränkt sind, sowohl im Hinblick auf die Symbole, die in ihnen auftreten können, als auch im Hinblick auf die Konfigurationen dieser Symbole, aber ich werde hierauf an dieser Stelle nicht näher eingehen (eine Erörterung dieses Problems findet sich in Chomsky (1965)). Was die zum gegenwärtigen Zeitpunkt über die syntaktische Struktur und über die Beziehung von Signalen zu semantischen Interpretationen dieser Signale verfügbaren Informationen anlangt, so ist diese Auffassung mit ihnen vereinbar.
Es ist der Erwähnung wert, daß diese Auffassung derjenigen sehr ähnlich ist, die in der *Grammaire gênêrale et raisonnêe* zum Ausdruck gebracht wird, auf die uns zu beziehen wir nun schon mehrmals Gelegenheit hatten.

Wir könnten fragen, warum eine natürliche Sprache auf diese Weise konstruiert sein sollte; weshalb sollte sie insbesondere nicht Tiefenstruktur und Oberflächenstrukturen identifizieren und somit auf Transformationen, die sie miteinander in Beziehung setzen, verzichten? Man wird natürlich versuchen, eine perzeptuell begründete Antwort auf diese Frage zu finden. Für einige Spekulationen, die weiter zu verfolgen mir lohnend erscheint, siehe Miller und Chomsky (1963).

Übrigens können die Basisregeln generalisierte P-Marker bilden, die von keiner Folge von Transformationen auf eine Oberflächenstruktur abgebildet werden können. Nehmen wir beispielsweise an, wir hätten in der am tiefsten eingebetteten Struktur in (23) den Komplex 'the boy' anstatt 'the man' gewählt. In diesem Fall würde der generalisierte P-Marker augenscheinlich die Tiefenstruktur keines Satzes konstituieren; es gibt keinen Satz, für den diese Struktur die semantische Interpretation liefert. Und in der Tat würde die Relativtransformation blockiert werden, wenn sie auf diese Struktur angewandt wird, weil zwischen den Nominalphrasen des Matrixsatzes und des Teilsatzes keine Identität besteht.[6] Folglich liegen nicht alle generalisierten P-Marker Sätzen zugrunde und zählen somit nicht als Tiefenstrukturen. Die Tiefenstrukturen sind die generalisierten P-Marker, die durch Transformationsregeln auf wohlgeformte Oberflächensätze abgebildet werden. Somit haben die Transformationen eine ‚Filterfunktion'; effektiv liefern sie bestimmte globale Beschränkungen, denen eine Tiefenstruktur gerecht werden muß. Diese Beschränkungen sind in der Tat innerhalb des Rahmens der elementaren Ersetzungsregeln, die für die Erzeugung von Basisstrukturen mit den grammatischen Funktionen und Relationen, die sie ausdrükken, vollkommen adäquat erscheinen, absolut nicht darstellbar. Eine nähere Erörterung der Transformationen findet sich in Chomsky (1965: Kap. 3).

Auf diese Weise können wir eine Theorie der grammatischen Transformationen konstruieren, die begrifflich einfacher als die oben beschriebenen, früheren Versionen ist, aber augenscheinlich immer noch empirisch adäquat. In dieser modifizierten Formulierung werden die Funktionen der Basisregeln und der Transformationsregeln klarer zum Ausdruck gebracht, wie auch die Begriffe der Tiefen- und Oberflächenstruktur. Durch die Modifizierung haben wir eine entsprechende Vereinfachung der semantischen Theorie erreicht.[7]

Ich habe diesen Abschnitt damit begonnen, eine bestimmte Grammatiktheorie in Umrissen vorzulegen. Ich habe nun versucht zu zeigen, daß diese Theorie zu umfassend und in ihrer Ausdruckskraft zu reichhaltig ist und daß eine sehr viel stärker eingeschränkte Version dieser Theorie (die außerdem begrifflich gut motiviert ist) genügt, um dem gegenwärtig verfügbaren empirischen Material gerecht zu werden. Jetzt möchte ich mich einer Unzulänglichkeit gegensätzlicher Art in der früheren Theorie zuwenden, das heißt, einer Klasse von Problemen, die zeigen, daß die Ausdruckskraft dieser Theorie in bestimmter Hinsicht zu gering ist.

Wir wollen unsere Aufmerksamkeit nun auf die Basiskomponente der Syntax beschränken. Die skizzierte Theorie folgte den strukturalistischen Annahmen darin, daß die Relation zwischen lexikalischen Einheiten und den Kategorien, zu denen sie gehören, grundsätzlich dieselbe ist, wie die Relation zwischen Wortkomplexen (oder Phrasen) und den Kategorien, deren Glieder sie sind. Es wurde, um es formal auszudrücken, von der Annahme ausgegangen, daß eine lexikalische Einheit *X* auf genau dieselbe Weise eingeführt wird wie Phrasen, nämlich durch Ersetzungsregeln der Form A $\rightarrow$ *X*,, wobei A eine lexikalische Kategorie ist.[8] Diese Ansicht führte allerdings sehr bald zu Schwierigkeiten. Kurz nach der Veröffentlichung der ersten Arbeit über generative Transformationsgrammatik wurde von G.H. Mattews darauf hingewiesen, daß, während die Kategorisierung von Phrasen charakteristischerweise hierrarchisch ist und deshalb innerhalb der Grenzen der Phrasenstrukturgrammatik liegt, die lexikalische Kategorisierung charakteristischerweise Kreuz-Klassifizierung beinhaltet, und deshalb über diese Grenzen hinausgeht. Zum Beispiel kann ein Nomen entweder ein Eigenname oder ein Appelativum sein, und unabhängig davon kann es entweder Belebt oder Unbelebt sein; ein Verb kann Transitiv oder Intransitiv sein und unabhängig davon kann es entweder nicht-Belebte Subjekte annehmen oder nicht; usw. Dieser Tatbestand ist innerhalb des Rahmens der Phrasenstrukturgrammatik nicht darstellbar. Folglich muß die Theorie der Basis auf irgendeine Weise erweitert werden, um eine Analyse der lexikalischen Kategorisierung zu erbringen, die sich in grundsätzlicher Hinsicht von der Analyse mittels der Ersetzungsregeln unterscheidet, die oberhalb der Ebene der lexikalischen Kategorie ziemlich adäquat zu sein scheint. Ähnliche Beobachtungen wurden unabhängig voneinander von Stockwell, Anderson, Schachter und Bach gemacht und es wurden vielfältige Vorschläge unterbreitet, wie dieser Mangel der Basiskomponente zu beheben sei. Das allgemeine Problem wird ziemlich detailliert in Chomsky (1965: Kap. 2) untersucht, wo auch auf die eben genannten früheren Arbeiten Bezug genommen wird. Ich werde kurz die Vorschläge skizzieren, die dort zur Modifikation der Theorie der Basiskomponente vorgelegt werden.

Übrigens ist das Problem der lexikalischen Kreuz-Klassifizierung dem Problem der phonologischen Kreuz-Klassifizierung formal analog. Phonologische Elemente werden charakteristischerweise in bezug auf die Wirkungsweise verschiedener phonologischer Regeln kreuz-klassifiziert. Gewisse Regeln werden auf die Kategorie Stimmhafte Segmente angewandt; andere auf die Kategorie der Anhaltbaren Laute; die Zugehörigkeit eines Segments zu einer dieser Kategorien ist unabhängig von seiner Zugehörigkeit zu der anderen. Hinzu kommt, daß dies die normale Situation ist. Tatsächlich ist dies einer der wesentlichsten Gründe für die Ansicht, daß Segmente (z.B. Phoneme und Morphophoneme) keinen unabhängigen linguistischen Status haben, sondern lediglich als Mengen von Merkmalen anzusehen sind.

Allgemeiner ausgedrückt, kann eine lexikalische Einheit phonologisch als eine gewisse Menge von Merkmalen repräsentiert werden, die mit Bezug auf ihre Position indiziert sind. So kann das lexikalische Element *bee* durch die Merkmalsmenge [Konsonantisch$_1$, Stimmhaft$_1$, nicht-Anhaltbar $_1$,..., Vokalisch$_2$,..., nicht-Gravis$_2$,...], repräsentiert werden, wodurch angezeigt wird, daß sein erstes ‚Segment' konsonantisch, stimmhaft, nicht-anhaltbar, ... ist und daß sein zweites ‚Segment' vokalisch, nicht-gravis... ist. Eine derartige Repräsentation kann auf naheliegende und wohlbekannte Weise in Form einer Matrix dargestellt werden. Sie liefert eine völlig zufriedenstellende Lösung des Problems der Kreuz-Klassifizierung auf der phonologischen Ebene (und harmoniert außerdem sehr gut mit der, wie mir scheint, momentan zufriedenstellendsten Theorie der universalen Phonetik, nämlich mit Jakobsons Theorie der distinktiven Merkmale – in dem verbleibenden Teil dieses Aufsatzes setze ich voraus, daß diese Theorie in der Form, die Halle kürzlich vorgelegt hat, bekannt ist).

Ich möchte darauf hinweisen, daß die semantische Analyse lexikalischer Elemente offensichtlich ebenfalls eine Art Merkmalstheorie erforderlich macht, und daß diese Merkmale lexikalische Eintragungen charakteristischerweise kreuz-klassifizieren. Dementsprechend kommen Katz und Fodor (1963) und Katz und Postal (1964) zu der Schlußfolgerung, daß eine lexikalische Eintragung, was ihre Semantik anbelangt, im wesentlichen aus einer Menge semantischer Merkmale bestehen sollte.

Diese Beobachtungen legen es nahe, dem Problem der syntaktischen Kreuz-Klassifizierung auf dieselbe Art Rechnung zu tragen, besonders, da es lediglich lexikalische Einheiten zu betreffen scheint und nicht Phrasentypen. Indem wir diesen recht natürlichen Vorschlag übernehmen, wollen wir die Theorie der Basis auf folgende Weise revidieren. Die Basis besteht aus einem System (vermutlich einer linearen Folge) von Ersetzungsregeln, das wir ihre *kategoriale Komponente* nennen können. Außerdem enthält sie ein *Lexikon.* Das Lexikon ist eine ungeordnete Menge *lexikalischer Eintragungen.* Jede lexikalische Eintragung ist einfach eine Menge bestimmter Merkmale. Die Merkmale, aus denen sich die lexikalischen Eintragungen konstituieren, können phonologische sein (zum Beispiel [± Stimmhaft$_n$], wobei n eine ganze Zahl ist, die die Stellung anzeigt), semantische (zum Beispiel [± Artefakt]) oder syntaktische (zum Beispiel [± Eigenname]). Wir beschränken unsere Aufmerksamkeit hier auf die syntaktischen Merkmale. Die katagoriale Komponente der Basis erzeugt keine Ketten lexikalischer Einheiten (obwohl sie grammatische Morpheme einführen kann). Als erste Annäherung können wir uns vorstellen, daß jede lexikalische Kategorie A (zum Beispiel Nomen, Verb, usw.) nur in Ersetzungsregeln der Form $A \rightarrow \Delta$ involviert ist, wobei Δ ein bestimmtes Platzhaltersymbol ist. Somit basieren die letzten Ketten, die von der kategorialen Komponente erzeugt werden (wir wollen diese *präterminale Ketten* nennen), auf einem ‚Vokabular' (d.h. einer Menge von Grundeinheiten, siehe oben S. 41), das aus grammatischen Morphemen und dem Symbol Δ besteht. Letzteres wird die Stellung einnehmen, in die Elemente aus dem Lexikon, auf eine Weise, die wir gleich beschreiben werden, eingesetzt werden. Eine präterminale Kette wird durch die Entsetzung eines entsprechenden lexikalischen Elements in jede durch Δ gekennzeichnete Stellung in eine terminale (oder End-) Kette umgewandelt.

Erinnern wir uns daran, daß Tiefenstrukturen, die die semantische Interpretation determinieren, generalisierte P-Marker sind, die von der Basiskomponente erzeugt werden. Wie wir oben festgestellt haben, scheint es sinnvoll zu sein, die semantische Theorie mit Hilfe von Projektionsregeln zu entwickeln, die den aufeinander folgenden Knoten der Tiefenstruktur stufenweise Lesarten zuordnen, wobei die Zuordnungen auf den Lesarten beruhen, die bereits interpretierten niedrigeren Knoten zugeordnet wurden, und auf den durch die fragliche Konfiguration repräsentierten grammatischen Relationen. Die grammatischen Relationen und die Reihenfolge der Anwendung der interpretativen Projektionsregeln sind vollständig durch die kategoriale Komponente der Basis determiniert. Die intrinsischen semantischen Eigenschaften, welche die ersten Lesarten für diesen Prozeß der semantischen Interpretation bereitstellen (d.h. die Lesarten der lexikalischen Einheiten, die die Endelemente des generalisierten P-Markers sind) werden vollständig vom Lexikon geliefert. So werden die beiden getrennten Aspekte der semantischen Theorie in der Unterteilung der Basis in eine kategoriale und eine lexikalische Komponente reflektiert.

Die Funktionsweise der kategorialen Komponente ist klar; wir wollen deshalb das Lexikon etwas detaillierter betrachten. Die lexikalische Eintragung für ein bestimmtes Element sollte alle Informationen über idiosynkratische Merkmale dieses lexikalischen Elements enthalten, Merkmale, die durch eine allgemeine Regel nicht vorausbestimmt werden können. Daß 'buy' mit einem stimmhaften, nicht-anhaltbaren Laut beginnt, daß es ein transitives Verb ist, daß es unregelmäßig flektiert wird, daß es eine Veränderung des Eigentumsverhältnisses beinhaltet, etc. All dies muß durch Merkmale der lexikalischen Eintragung repräsentiert werden. Andere Eigenschaften (zum Beispiel, daß der nicht-anhaltbare Laut nichtaspiriert ist) können durch Regeln vorausbestimmt werden (in diesem Fall durch phonologische Regeln). Aber es gibt Redundanzregeln verschiedener Art, die auf phonologischen, semantischen und syntaktischen Merkmalen operieren und die die Beziehungen der Merkmale der verschiedenen Typen untereinander spezifizieren. In soweit, als Regularitäten, die die Merkmalszusammensetzung betreffen, durch eine Regel ausgedrückt werden können, können die fraglichen Merkmale aus der lexikalischen Eintragung herausgenommen werden (eine Erörterung der Redundanzregeln findet sich in Chomsky (1965), besonders Kap. 4, § 2.1.). Normalerweise ist eine lexikalische Eintragung in vieler Hinsicht idiosynkratisch. Da diese Idiosynkrasien nun in der lexikalischen Eintragung spezifiziert werden können, brauchen sie nicht mehr in den Ersetzungsregeln repräsentiert zu werden. Dies führt zu einer enormen Vereinfachung der Basiskomponente, was jedem einleuchten wird, der je versucht hat, eine detaillierte grammatische Beschreibung zu konstruieren.

Wir wollen nun die Regel betrachten, die lexikalische Einheiten in präterminale Ketten einführt. Diese Regel muß der Struktur des P-Markers, in den die Einheit eingesetzt wird, Rechnung tragen. Wenn wir zum Beispiel sagen, daß ein Verb transitiv ist, behaupten wir, daß es in der Stellung — NP in einer Verbalphrase auftreten kann. Deshalb muß das syntaktische Merkmal [+ Transitiv] einen Aspekt des P-Markers spezifizieren, in den die Einheit eingesetzt wird. Wir wollen ein Merkmal dieser Art ein *kontextuelles Merkmal* nennen. Im Gegensatz dazu wollen wir solche Merkmale von Nomina, wie [± Menschlich] nicht-kontextuell nennen. Ein sozusagen degeneriertes kontextuelles Merkmal ist das Merkmal [± Nomen] selbst, das nur einen ganz geringfügigen Aspekt des P-Markers anzeigt, nämlich die Kategorie, die dasjenige Vorkommen von Δ dominiert, das durch die fragliche Einheit ersetzt werden könnte. Diese ,degenerierten' kontextuellen Merkmale können wir *Kategorien-Merkmale* oder kategoriale Merkmale nennen. Eine naheliegende Notation für

Kategorien-Merkmale ist: [± A], wobei A eine lexikalische Kategorie ist. Wir stellen dann, per Konvention, fest, daß eine Einheit mit dem Kategorienmerkmal [+ A] nur ein Vorkommen von △ ersetzen kann, wenn dieses von dem Kategoriensymbol A dominiert wird.

Wir wollen nun das Problem einer geeigneten Notation für die anderen kontextuellen Merkmale, zum Beispiel Transitivität, betrachten. Die beste Notation ist klarerweise einfach eine Angabe des Kontexts, in dem die Einheit vorkommen kann. Das Merkmal [+ Transitiv] kann also einfach als [+ — NP] repräsentiert werden. Ähnlich kann die Tatsache, daß 'persuade' von einer Nominalphrase und einer darauf folgenden Präpositionalphrase gefolgt werden kann, (zum Beispiel 'I persuaded John of the pointlessness of his actions' /Ich überzeugte John von der Zwecklosigkeit seiner Handlungen) dadurch angezeigt werden, daß der lexikalischen Eintragung für 'persuade' das kontextuelle Merkmal [+ — NP PP] indiziert wird (in der Tat ist dies offenbar das einzige kontextuelle Merkmal, das gebraucht wird, um die Umgebung, in der 'persuade' auftreten kann, zu spezifizieren, da alle anderen Formen durch Transformationen abgeleitet werden – eine Erörterung dieses Problems findet sich in Chomsky (1965). Kontextuelle Merkmale dieser Art, die die Umgebung spezifizieren, in der eine Einheit eingesetzt werden kann, nennen wir *strikte Subkategorisierungsmerkmale.*

Neben den strikten Subkategorisierungsmerkmalen gibt es kontextuelle Merkmale einer grundsätzlich anderen Art, die wir *Selektionsmerkmale* nennen wollen. Während die strikten Subkategorisierungsmerkmale die kategorialen Umgebungen spezifizieren, in denen eine Einheit auftreten kann, spezifizieren die Selektionsmerkmale einer lexikalischen Einheit X lexikalische Merkmale der Einheiten, mit denen X grammatische Relationen eingeht. Demnach zeigen die Selektionsmerkmale für 'frighten' an, daß sein Objekt als [+ belebt] spezifiziert sein muß, die Selektionsmerkmale für 'elapse', daß sein Subjekt nicht [+ menschlich] sein kann (und um wirklich deskriptive Adäquatheit zu erreichen, müssen sie ganz offensichtlich eine noch engere Spezifizierung geben als diese), etc. Ähnlich müssen die Selektionsmerkmale für 'abundant' anzeigen, daß dieses Wort 'harvest' prädiziert werden kann, nicht aber 'boy', während die Selektionsmerkmale für 'clever' die umgekehrte Spezifikation enthalten muß. Wir können Selektionsmerkmale mit einer Notation repräsentieren, die derjenigen sehr ähnlich ist, die oben für die strikten Subkategorisierungsregeln vorgeschlagen worden ist.

Kontextuelle Merkmale können als Spezifikation bestimmter Ersetzungstransformationen angesehen werden. Der Kontext, der in dem kontextuellen Merkmal angegeben wird, spezifiziert die Bedingung, die von dem P-Marker, auf den die fragliche Transformation angewandt wird, erfüllt werden muß und die Art und Weise, in der dieser P-Marker zum Zwecke dieser Transformation analysiert werden muß. Er definiert also die Strukturanalyse der Transformation (siehe oben, S. 38). Die elementare Transformation, die die Definition der Transformation vervollständigt, legt fest, daß die fragliche lexikalische Einheit (d.h. die Menge spezifizierter Merkmale, aus denen sich die lexikalische Eintragung zusammensetzt) das Vorkommen des Symbols Δ ersetzt, das in der Strukturanalyse in der angegebenen Stellung erscheint.

Aus den angeführten Beispielen ergibt sich, daß die Form der Ersetzungstransformationen, die durch kontextuelle Merkmale definiert sind, vielen Restriktionen unterworfen ist. So betreffen die strikten Subkategorisierungsmerkmale lediglich ‚lokale Kontexte' – d.h. Kontexte, die von der Kategorie der Phrase dominiert werden, die die lexikalische Kategorie, die durch die lexikalische Einheit ersetzt wird, unmittelbar dominiert. Andererseits beziehen sich Selektionsmerkmale nur auf die ‚Trägerelemente' (heads) grammatisch miteinander in Beziehung stehender Konstruktionen. Diese Restriktionen können präzisiert werden, und es kann gezeigt werden, daß sie zu gewissen interessanten Konsequenzen in bezug auf die möglichen Beschränkungen, die in einer Grammatik auftreten können, führen. Eine Erörterung dieser Fragen findet sich wiederum in Chomsky (1965).

Das Problem der Abweichung von der Grammatikalität habe ich hier nicht erörtert. Es ist jedoch klar, daß wir immer dann, wenn eine grammatikalische Regel existiert, fragen können, wie ein Satz, der von dieser Regel abweicht, interpretiert wird. Es hat den Anschein, daß Sätze, die von Selektionsregeln abweichen, ganz anders interpretiert werden, als solche, die von strikten Subkategorisierungsregeln abweichen. Abweichung von Selektionsregeln ergibt solche Beispiele wie 'colorless green ideas sleep furiously' (farblose grüne Ideen schlafen wild), 'sincerity admires John' (Ernsthaftigkeit bewundert John), etc.; Abweichung von strikten Subkategorisierungsregeln ergibt solche Beispiele, wie 'John persuaded to leave' (John überredete aufzubrechen), 'John found sad' (John fand traurig), etc.. Sätze des ersten Typs werden häufig auf irgendeine Weise metaphorisch interpretiert, wohingegen Sätze des zweiten Typs, wenn sie überhaupt interpretierbar sind, auf eine völlig andere Weise betrachtet werden müssen. Die Interpretationsmöglichkeiten von

Abweichungen von kontextuellen Regeln, die Kategorien-Merkmale beinhalten (siehe oben S. 57), sind wieder anders. Die verschiedenen Arten kontextueller Merkmale unterscheiden sich also recht deutlich durch die Bedingungen, die sie Satzstrukturen auferlegen.

Es sei im übrigen darauf hingewiesen, daß die Leichtigkeit, mit der von Selektionsregeln abweichende Sätze interpretiert werden können, nicht einfach auf die Tatsache zurückzuführen ist, daß hier syntaktische Merkmale einer ‚niedrigen Ebene' wie [±Menschlich]] oder [nimmt ein belebtes Objekt an] betroffen sind. Diese Merkmale können in Regeln vorkommen, die überhaupt nicht auf die Art und Weise verletzt werden können wie Selektionsregeln (so zum Beispiel solche Ausdrücke, wie 'the table who I scratched with a knife'*, 'who I saw was John' (wer ich sah, war John), 'a very barking dog' (ein sehr bellender Hund) etc.). Über dieses allgemeine Problem wäre viel zu sagen; es läßt sich gleichwohl nicht leugnen, daß eine Untersuchung hierüber, die nicht trivial sein soll, ein umfassendes und detailliertes Verständnis der verschiedenen grammatischen Prozesse erfordert.

Bei dieser kurzen Erläuterung der syntaktischen Merkmale sind wir davon ausgegangen, daß die Merkmale eines Nomens diesem inhärent sind und daß die Merkmale, die Nomina und Verben oder Nomina und Adjektive durch Selektion miteinander in Beziehung setzen, als kontextuelle (Selektions-)Merkmale der Verben und Adjektive auftreten. Diese Entscheidung war keineswegs willkürlich; sie kann leicht durch syntaktische Gründe gerechtfertigt werden. In Chomsky (1965: Kap. 2) wird diese Frage – wie auch viele andere der hier angeschnittenen Themen – ausführlicher diskutiert.

Hiermit beschließe ich den fünften in der Einleitung entworfenen Teil. Ich habe in aller Kürze zwei Punkte der ersten neueren Versuche, eine Theorie grammatischer Transformationen zu formulieren, aufgezeigt, deren Unzulänglichkeit durch spätere Arbeiten aufgedeckt worden ist. Der erste Mangel betraf den übermäßigen Reichtum der Ausdruckskraft der Theorie. In den vorausgegangenen Abschnitten haben wir dann einen Mangel gegensätzlicher Art erörtert, nämlich die in mancher Hinsicht zu schwache Ausdruckskraft der Theorie, aufgrund derer bestimmte Aspekte der grammatischen Struktur nicht zum Ausdruck gebracht werden können und wir haben eine Möglichkeit vorgeschlagen, sie so zu modifizieren, daß dieser Mangel

* ‚Der Tisch, den ich mit dem Messer zerkratzte'; die Ungrammatikalität der englischen Phrase läßt sich im Deutschen nicht reproduzieren, da sie aus der apersonalen Verwendung des Pronomens who resultiert – Anm. d. Übers.

behoben werden kann. Die Begrifflichkeit der Theorie der generativen Transformationsgrammatik, die aus dieser Modifikation resultiert, ist ziemlich einfach und die Theorie selbst steht mit den zum gegenwärtigen Zeitpunkt verfügbaren empirischen Belegen recht gut in Einklang. Jede Komponente der Theorie hat eine wohldefinierte Funktion; ich sehe keine Möglichkeit, irgendeinen der postulierten Mechanismen zu eliminieren, es sei denn auf Kosten der deskriptiven Adäquatheit, und mir ist nicht bekannt, wie sich die Forderung nach einem strukturellen Aufbau der Theorie der syntaktischen Komponente, der komplexer wäre, als der hier skizzierte, rechtfertigen ließe. Zum gegenwärtigen Zeitpunkt scheint mir diese Theorie somit die zufriedenstellendste Hypothese hinsichtlich der Form der syntaktischen Komponente einer Grammatik zu sein.

4. Einige Probleme der Phonologie

Ich möchte diese Abhandlung mit einigen Bemerkungen über die Lautstrukturen beschließen, genauer gesagt, über die Organisation der phonologischen Komponente einer generativen Grammatik.

Die phonologische Komponente ist ein System von Regeln, die eine Oberflächenstruktur mit der phonetischen Repräsentation einer Kette in Beziehung setzen. Wir sind von der Annahme ausgegangen, daß eine Oberflächenstruktur eine indizierte Klammerung einer Folge minimaler Elemente ist, die wir *Formative* nennen können. Im letzten Abschnitt haben wir zwei Typen von Formativen voneinander unterschieden – grammatische und lexikalische. Jedes lexikalische Formativ ist ein *komplexes Symbol,* das heißt, eine Menge von Merkmalen. Zu diesen gehören phonologische Merkmale, die in Form einer Matrix repräsentiert werden können, mit waagerechten Zeilen, die den Merkmalen entsprechen und senkrechten Reihen, die den ‚Segmenten' entsprechen. Wenn ein Formativ also das phonologische Merkmal $[\alpha F_n]$ enthält, wobei α + oder –, F ein Merkmal und n eine ganze Zahl ist, dann wird die Matrix in der $n$ten Reihe, in der dem Merkmal F entsprechenden Zeile die Eintragung α haben. Diese Matrix ist im wesentlichen ein klassifikatorischer Mechanismus; er determiniert die phonologischen Regeln, die auf die fragliche Einheit anzuwenden sind. Tatsächlich repräsentieren phonologische Matrizen dann eine Klassifikation, die auf dem System der phonologischen Regeln beruht. Die Regeln der phonologischen Komponente werden auf solche Matrizen angewendet, indem sie Eintragungen hinzufügen oder revidieren, oder indem sie Reihen hinzufügen oder streichen. Im Verlauf dieser Operation können Eintragungen, die in der Oberflächenstruktur leer sind, ausgefüllt werden, und wir können uns vorstellen, daß alle Eintragungen (die anfangs entweder leer oder mit + oder – markiert sind) durch ganze Zahlen ersetzt werden, die die Stellung des fraglichen Segments in der durch das betreffende Merkmal definierten Skala anzeigen. Die Regeln tilgen auch grammatische Formative oder ‚buchstabieren' sie mittels der Merkmalsmatrizen. Die endgültige ‚Ausgabe' des Systems der phonologischen Regeln ist eine *phonetische Matrix* für den Satz als Ganzen, in der die Reihen für aufeinanderfolgende Segmente (Phone) stehen, und die Zeilen phonetische distinktive Merkmale definieren, die nun als Skalen angesehen werden, wobei eine Eintragung anzeigt, an welcher Stelle ein Segment in einer Skala steht. Die Natur derartiger Regeln ist an anderer Stelle detailliert beschrieben worden.[1] Bei den folgenden Bemerkungen setze ich Vertrautheit mit diesem Gegenstand voraus. Es soll im besonderen beachtet werden, daß die phonetischen distinktiven Merkmale als sprachliche Universalien vorgeschlagen werden, die die Anforderung (9i) aus Abschnitt 1 für eine allgemeine Sprachtheorie erfüllen. Vgl. S. 11.

Die ‚Eingabe' in die phonologische Komponente werde ich eine *phonologische Repräsentation* nennen.[2] Die Ausgabe, die von der phonologischen Komponente hervorgebracht wird, bezeichne ich als *phonetische Repräsentation.* Ich werde nicht versuchen, das Verhältnis von phonologischer und phonetischer Repräsentation im Detail zu untersuchen, aber ich möchte einige entscheidende Fragen erwähnen, die bei der Betrachtung dieses Problems auftauchen.

Bevor ich fortfahre, möchte ich bemerken, daß die linguistische Bedeutsamkeit der phonologischen und der phonetischen Repräsentation, im oben definierten Sinne, kaum in Frage gestellt werden kann. Eine generative Grammatik, die Repräsentationen dieser beiden Typen nicht erstellt, ist zu unserem gegenwärtigen Erkenntnisstand unvorstellbar. Außerdem glaube ich nicht, daß diese Frage ernsthaft umstritten ist.

Die erste Frage, die sich in Verbindung mit der phonologischen Komponente einer Grammatik erhebt, ist, ob es zwischen der phonologischen und der phonetischen Repräsentation noch ein weiteres linguistisch bedeutsames Repräsentationssystem gibt. Im besonderen können wir fragen, ob es eine intermediäre Ebene gibt, die die Bedingungen erfüllt, die in der modernen (taxonomischen) Sprachtheorie dem Begriff ‚phonemische Repräsentation' auferlegt worden sind. Die genannten Bedingungen werden an dieser Stelle nicht behandelt; eine detaillierte Diskussion findet sich in Chomsky (1964). Es handelt sich hierbei um eine substantielle Frage, die nicht durch eine terminologische Entscheidung gelöst werden kann. Es ist eine Quaestio facti. Außerdem liegt die Beweislast selbstverständlich bei dem Linguisten, der glaubt, daß die Antwort auf diese Frage positiv ist – daß es mit anderen Worten eine linguistisch relevante Repräsentation gibt, die die Bedingungen, denen die taxonomischen Phonetik unterworfen ist, erfüllt und von den phonologischen Regeln der Grammatik erstellt wird.

Die Behauptung, daß die taxonomische Phonetik einen Teil der Sprachstruktur darstellt, scheint mir ungerechtfertigt zu sein. Es gibt verschiedene Möglichkeiten zu versuchen, die Existenz dieser Ebene nachzuweisen; keiner von ihnen gelingt es jedoch, soweit ich sehen kann, diese Schlußfolgerung zu beweisen. Eine detaillierte Argumentation wird in Chomsky (1964) dargelegt. Einige der Hauptpunkte möchte ich kurz betrachten. Gewisse Versionen der taxonomischen Phonetik basieren auf verschiedenartigen distributionalistischen Verfahren; allen gemeinsam ist die zentrale Bedeutung, die dem Begriff der ‚komplementären Distribution' in ihnen zukommt. Dieser Begriff leidet jedoch unter einem fundamentalen Mangel. Er gestattet Analysen, die für den taxonomischen Phonetiker (sowie für jeden anderen) nicht akzeptabel sind; in gewissen Fällen schließt er die optimale taxonomische Analyse aus. Auch anderen Verfahren der phonetischen Analyse gelingt es nicht, die intendierten Ergebnisse zu erbringen.

Eine andere Überlegung ist jedoch von noch viel weiterreichender Art als diese. Es könnte schließlich gezeigt werden, daß die Verfahren soweit verbessert werden könnten, daß sie Analysen erbringen, die dem von den taxonomischen Phonetikern als wesentlich geforderten Typ entsprechen und alle anderen Analysen ausschließen. Deshalb ist es notwendig, unsere Aufmerksamkeit auf die geforderte Analyse selbst zu lenken und zu fragen, ob eine Analyse dieser Art von einem System phonologischer Regeln geleistet werden kann. Diese Frage ist vor mehreren Jahren von Halle behandelt worden, und er hat ein inzwischen in der Fachliteratur[3] vielfach wiederholtes Argument vorgelegt, um zu zeigen, daß wichtige Verallgemeinerungen von offensichtlicher und unangefochtener linguistischer Relevanz aufgegeben werden müssen, wenn durch die phonologische Komponente eine taxonomisch phonemische Repräsentation bereitgestellt wird. Mir scheint, daß diesem Argument nichts entgegengehalten werden kann, aber da seine Triftigkeit noch nicht völlig anerkannt worden ist, ist es vielleicht nützlich, es noch einmal schematisch darzulegen.

Um das Argument auf seine wesentlichen Grundzüge zu reduzieren, wollen wir uns vorstellen, daß wir eine Sprache mit einer phonologischen Asymetrie haben, zum Beispiel eine Sprache, die phonetisch [t], [d], [č] und [ǰ] enthält und einen phonologischen Kontrast zwischen /t/ und /d/, nicht aber zwischen [č] und [ǰ]. Wir wollen also annehmen, daß es Morpheme, wie /Xt/ und /Xd/ gibt, aber kein vergleichbares oder nahezu vergleichbares Paar für [č] – [ǰ]. Wir wollen weiterhin annehmen, daß es in der Sprache eine allgemeine Regel der Assimilation der Stimmhaftigkeit gibt. Diese Regel kann unter Verwendung der üblichen Konventionen als (24) formuliert werden.

(24) Konsonant → [+ Stimmhaft] in der Umgebung: — [+ Stimmhaft].

Das Morphem /Xt/ wird also in dem Kontext —— [+ Stimmhaft] als [Xd] auftreten und in dem Kontext ——[− Stimmhaft] als [Xt]; und ein Morphem /Yč/ wird in dem Kontext —— [+ Stimmhaft] als [Yǰ] auftreten und in dem Kontext —— [− Stimmhaft] als [Yč]. Die Regel (24) wandelt in beiden Fällen phonologische Repräsentationen unmittelbar in phonetische Repräsentationen um. Wir wollen annehmen, daß die einzigen Vorkommen von [ǰ] diejenigen sind, die von der Regel (24) hervorgebracht werden.

Es muß jedoch beachtet werden, daß diese Grammatik keine phonemische Repräsentation bereitstellt. Für den taxonomischen Phonetiker, gleich welcher Schule, sind die lexikalischen Repräsentationen /Xt/, Xč/, (welche wir, Sapirs Sprachgebrauch im Wesentlichen folgend, phonologisch genannt haben) nicht phonemische, sondern ‚morphophonemische'. Die morphophonemische Repräsentation, die phonemische und die phonetische, wären darzustellen, wie in Tabelle (25).

(25)

phonologisch morphophonem.	phonemisch	phonetisch	in der Umgebung
Xt	Xd	Xd	—[+ Stimmhaft]
	Xt	Xt	—[− Stimmhaft]
Yč	Yč	Yǰ	—[+ Stimmhaft]
		Yč	—[− Stimmhaft]

Die erste Spalte gibt die phonologische (= morphophonemische) Repräsentation der Formen in der dritten Spalte an; die zweite gibt ihre phonemische Repräsentation an. Die erste Spalte wird nicht als phonemisch definiert, da sie die Bedingung der Bisingularität nicht erfüllt; die dritte wird nicht als phonemisch definiert, weil [č] und [ǰ] unter den von uns beschriebenen Umständen, in Übereinstimmung mit allen phonemischen Theorien, die jemals konstruiert worden sind, zu demselben Phonem gehören.

Die Grammatik, die Regel (24) enthält, überführt somit phonologische in phonetische Repräsentationen, ohne phonemische Repräsentationen als eine sprachliche Ebene zu erstellen. Das heißt, wenn wir mit dem Ausdruck ‚Repräsentationsebene' ein Repräsentationssystem meinen, das an einer wohldefinierten Stelle im Satzerzeugungsprozeß erscheint, dann liefert die Grammatik keine Ebene der phonemischen Repräsentation (und welche andere Bedeutung diesem Ausdruck gegeben werden könnte, ist schwer vorstellbar). Um eine phonemische Repräsentation bereitzustellen, müßte die Grammatik (24) durch die beiden Regeln (26) und (27) ersetzen:

(26) t → [+ Stimmhaft] in der Umgebung: – [+ Stimmhaft]

(27) č → [+ Stimmhaft] in der Umgebung: – [+ Stimmhaft].

Regel (26) ist jetzt eine ‚morphophonemische' Regel und Regel (27) ist eine ‚phonemische' Regel. Die Regel (24), welche die sprachlichen Sachverhalte in der allgemeinsten Form ausdrückt, wird nun in der Grammatik nicht zum Ausdruck gebracht.

Wirkliche Beispiele dieser Art sind leicht zu finden. Sie zeigen, daß eine Ebene der phonemischen Repräsentation nur auf Kosten gewisser Verallgemeinerungen in eine Grammatik aufgenommen werden kann, die dann nicht mehr ausdrückbar sind. Da die Konstruktion einer Grammatik ganz offensichtlich den Zweck verfolgt, allgemeine Regeln zu erstellen, die die Organisation phonetischer Fakten lenken, stellt diese Beobachtung ein starkes Argument gegen die Annahme dar, daß eine sprachliche Ebene phonemischer Repräsentation existiert.

Meines Wissens ist die einzige Verteidigung der taxonomischen Phonemik gegen dieses Argument von Sydney Lamb vorgetragen worden, in einer Abhandlung, die im Dezember 1963 der Linguistic Society of America vorgelegt wurde. Lamb versucht, Halles Argument gegen die taxonomische Phonemik auf folgende Weise zu widerlegen. Wir wollen das Symbol h als ein Element betrachten, das Stimmlosigkeit verursacht, so daß t als dh repräsentiert wird und č als jh. Nun wollen wir unter Verwendung dieser Notation eine Grammatik für die oben beschriebenen Beispiele konstruieren. In morphemischer Repräsentation wird das Morphem /Xt/ als /Xdh/ repräsentiert, das Morphem /Yč/ wird als /Ydh/ repräsentiert. Jetzt geben wir lediglich die einzige Regel (28) an:

(28) h → ∅ in der Umgebung: — [+ stimmhaft].[4]

Die Regel (28) wandelt die Repräsentationen /Xdh/ und /Ydh/ vor Stimmhaften Elementen in [Xd] respektive [Yǰ] und beläßt sie in allen anderen Positionen in der Form [Xdh] = [Xt] und [Yjh] = [Yč]. Somit produziert diese Grammatik die korrekten phonetischen Formen, und sie tut dies ohne der Verallgemeinerung verlustig zu gehen, da die gesamte Menge der phonetischen Fakten in der einzigen

Regel (28) zusammengefaßt ist. Halles Argument wäre somit widerlegt, da es nicht notwendig ist, die Generalisierung (28) durch zwei Spezialfälle (26), (27) zu ersetzen, wenn die Grammatik auf diese Weise formuliert wird.

Es ist jedoch augenscheinlich, daß dieser Versuch, die taxonomische Phonemik gegen Halles Kritik zu verteidigen, lediglich eine genaue Reformulierung dieser Kritik in einer neuen Notation ist. Anstatt, wie Halle, Merkmale in Spalten zu schreiben, schreibt Lamb sie in einer Folge; anstatt das Merkmal [Stimmhaftigkeit] zu verwenden, markiert Lamb den stimmlosen Fall mit H und beläßt den stimmhaften Fall ohne explizite Kennzeichnung.[5] Der entscheidende Punkt ist aber, daß Lambs notationale Reformulierung von Halles Argument eine Grammatik erbringt, in der es keine phonemischen Repräsentationen gibt, gerade so, wie Halles optimale Grammatik keine phonemischen Repräsentationen liefert, und zwar aus demselben Grund; nämlich dem, daß die Generalisierung mit dem Vorhandensein einer phonemischen Ebene unvereinbar ist. In der Halle-Lamb Analyse gibt es nichts, was der mittleren Spalte in (25) entspricht und der einzige Streitpunkt ist der Status dieser Spalte. Somit hat Lamb lediglich eine notationale Variante von Halles Argument gegen die taxonomische Phonemik vorgelegt.

Aus dieser und vielen ähnlichen Überlegungen muß man schließen, daß es keine sprachimmanente Rechtfertigung für die Phonemik in ihrem modernen (post-sapirschen) Sinne gibt. Die einzige Möglichkeit, die sprachliche Bedeutsamkeit dieses Begriffs nachzuweisen, besteht dann in einem Argument, das auf anderen Gründen, z.B. perzeptuellen oder methodologischen Gründen, beruht. Es scheint jedoch kein derartiger Ansatz ausführbar zu sein (vgl. Chomsky (1964)). Zum gegenwärtigen Zeitpunkt gibt es also keinen Grund anzunehmen, die phonemische Ebene sei irgendetwas anderes als ein artifizielles Konstrukt.

Die taxonomische Phonemik hat sich aus der Annahme heraus entwickelt, daß die Lautstruktur entweder in vollständiger Isolation von der Syntax untersucht werden sollte, oder im Falle von solchen Ansätzen wie von Pike und Harris, in partieller Isolation, wobei die Betrachtung syntaktischer Strukturen nur insoweit eingeführt wird, wie es im Einklang mit gewissen spezifizierten analytischen Verfahren möglich ist. Wenn den Argumenten, die gegen die taxonomische Phonemik vorgebracht wurden, nicht begegnet werden kann, kann man nur schließen, daß diese Annahmen inkorrekt sind. Soweit ich weiß, ist nie der Versuch gemacht worden, eine Begründung für sie vorzuschlagen, die über die Beobachtung hinausgeht, daß sie zu einer Theorie führen, die konsistent und einigermaßen wohldefiniert ist. Diese Bedingungen sind zwar sicherlich notwendig, aber kaum hinreichend, um linguistische Bedeutsamkeit zu gewährleisten.

Wir wollen nun zu der Frage zurückkehren, auf welche Weise die Regeln der phonologischen Komponente auf Oberflächenstrukturen angewendet werden, um schließlich die phonetische Form der Äußerung, die sie repräsentieren, zu determinieren. Vor mehreren Jahren ist vorgeschlagen worden (Chomsky, Halle, Lukoff, 1956), daß ein Teil der Phonologie eine Folge von Transformationsregeln ist, die auf die folgende Weise auf Oberflächenstrukturen angewendet werden: zunächst applizieren sie in vorgeschriebener Folge auf die Ausdrücke innerhalb der innersten Klammern und löschen diese zuletzt nach Beendigung der Regelfolge aus; dann werden sie auf genau dieselbe Weise noch einmal angewandt; etc., bis der umfassendste Bereich der phonologischen Prozesse erreicht ist. Diese Regeln sind im technischen Sinne der linguistischen Theorie insofern ‚transformationell', als daß sie die Phrasenstruktur der Kette, auf die sie angewendet werden, berücksichtigen und nicht nur ihre lineare Form als eine Folge von Symbolen. Diese Transformationsregeln haben somit die Wirkung, die phonetische Form größerer Einheiten auf der Basis der idealen phonetischen Form der kleineren Einheiten, die sie konstituieren, zu determinieren. Festzuhalten ist, daß, wenn diese Regeln so operieren, sie den Projektionsregeln der semantischen Komponente analog sind. Nachdem der Transformationszyklus abgeschlossen ist, ist die Oberflächenstruktur vollständig ausgelöscht (bis zu dem umfassendsten Bereich der phonologischen Prozesse).

Zur Erhärtung dieser Hypothese haben wir gezeigt, wie den von vielen Phonetikern und Phonemikern beobachteten, vielfach geschichteten Betonungskonturen des amerikanischen Englisch, die mindestens fünf wahrnehmbare Betonungsebenen beinhalten, Rechnung getragen werden kann, indem nur die eine Unterscheidung Betont-Unbetont postuliert wird sowie einige einfache Regeln, die in einem transformationellen Zyklus operieren (dies wird in verschiedenen anderen Veröffentlichungen zusammengefaßt und ausgeführt, z.B. in Chomsky (1962b), Chomsky & Miller (1963)). Seither haben mehrere Untersuchungen gezeigt, daß auch anderes komplexes phonetisches Datenmaterial unter derselben Voraussetzung erklärt werden kann (siehe Anmerkung 6, S. 14 in Chomsky (1964)).

Die gegenwärtig verfügbaren Informationen lassen die Behauptung sinnvoll erscheinen, daß, soweit Informationen der syntaktischen

Struktur bei der Bestimmung der phonetischen Form überhaupt eine Rolle spielen, diese von der Oberflächenstruktur (im oben beschriebenen Sinne) geliefert werden und daß die Regeln, die die phonetische Form auf die eben aufgezeigte Weise determinieren (mit Ausnahme der präzyklischen Regeln, die nur lexikalische Kategorien involvieren – d.h. syntaktische Merkmale im Sinne des vorausgegangenen Abschnitts) in einem transformationalen Zyklus angewendet werden. Dies scheint eine sehr natürliche Annahme zu sein; außerdem ist sie dadurch, daß sie die Erklärung für einen Sachverhalt ermöglicht, der sonst lediglich als eine Sammlung von Daten darstellbar wäre, zum gegenwärtigen Zeitpunkt empirisch gut gesichert.

Unsere Theorie des Transformationszyklus wurde in der Form, in der sie in Chomsky, Halle, Lukoff (1956) dargestellt wurde, auf der Second University of Texas Conference, 1957, ausführlich diskutiert, zuerst in einem kritischen Aufsatz von A. H. Marckwandt und dann in einer ausgedehnten Diskussion (in Hill (1962) ist all dies abgedruckt). Die Diskussionsteilnehmer hatten den Eindruck, daß die Theorie durch diese Diskussion vollständig zerstört worden war (vgl. z.B. Hill, S. 95, Twaddele, S. 104). Es scheint daher der Mühe wert, die vorgebrachte Kritik Punkt für Punkt noch einmal aufzunehmen.

Marckwardts Einwand ist, daß wir neue, komplexe Einheiten (nämlich die Oberflächenstruktur der Äußerung)[6] postulierten, um den phonetischen Fakten Rechnung tragen zu können. In der Trager-Smithschen phonemischen Repräsentation (wir würden sie phonetisch nennen) werden vier der fünf oder mehr ‚phonemischen' Betonungsebenen verwendet, die in einer akuraten perzeptuellen Repräsentation erscheinen müssen, wobei die übrigen der Voraussage durch Regeln überlassen bleiben. Obwohl dies durch unsere Transskription auf eine einzige ‚phonemische' Unterscheidung reduziert wurde, könnte dies nur durch die Einführung der gesamten Oberflächenstruktur der Äußerung geschehen, und daher sei diese Reduktion tatsächlich überhaupt nicht ökonomischer.

Dies ist ein sehr seltsamer Einwand. Es wäre ganz offensichtlich sinnlos, eine Menge von Betonungen aus den Transskriptionen zu eliminieren, indem eine neue Menge arbiträrer Unterscheidungen eingeführt wird, aus denen die Betonungen abgeleitet werden können. Dies ist jedoch nicht das, was wir vorgeschlagen haben. Tatsächlich haben wir gezeigt, daß neue Unterscheidungen überhaupt nicht notwendig sind, um den Betonungsunterscheidungen, die zum Beispiel in der Trager-Smith-Transskription repräsentiert werden, Rechnung zu tragen. Die Daten, die in diesen Transskriptionen dargestellt werden, können tatsächlich erklärt werden, indem eine einzige Akzentunterscheidung angenommen wird, und darüberhinaus dadurch, daß man sich auf die Oberflächenstruktur und auf das allgemeine theoretische Prinzip des transformationalen Zyklus stützt. Aber die Oberflächenstruktur ist nicht irgendeine neue arbiträre Konstruktion, die zum Zwecke der Erklärung der Betonung erfunden wurde. Sie ist in einer grammatischen Beschreibung ganz unabhängig von jeglicher Betrachtung der phonetischen Form vorhanden. Wenn man also in einer vollständigen Grammatik statt phonetischer, sagen wir, konventionelle orthographische Repräsentationen erzeugen wollte, würde man zu genau derselben Schlußfolgerung hinsichtlich der abgeleiteten P-Marker von Wortketten kommen, wie wir bei unserem Versuch, die phonetische Form zu erklären. Die Oberflächenstruktur wird von der Syntax erstellt; sie beruht nicht auf phonetischen Betrachtungen.

Dieser Einwand zeigt, daß Marckwardt, ebenso wie den anderen Diskutanten, der entscheidende Punkt unseres Papiers vollkommen entgangen ist. Unser Ziel war es, zu zeigen, wie es möglich ist, über die reine Aufzählung von Daten hinauszugehen, indem auf der Basis allgemeiner Hypothesen über die sprachliche Struktur (der Theorie des transformationalen Zyklus) und anderer unabhängig davon gesicherter Fakten der Sprache (nämlich der Oberflächenstruktur einer Äußerung) eine Erklärung dieser Daten erbracht wird. Es geht hier nicht um die Frage, zwei phonetische Transskriptionen hinsichtlich ihrer relativen Komplexität zu vergleichen. Der Unterschied besteht vielmehr zwischen der Entwicklung einer Transskription zur Aufzeichnung von Daten (z.B. dem Trager-Smith-System, das wir in unserem Papier übernommen haben) und dem Versuch, die auf diese Weise aufgezeichneten Daten zu erklären.[7] Marckwardts erstes Argument reduziert sich somit einfach auf einen Einwand gegen jeden Versuch, bestimmte Daten dadurch zu erklären, daß weitere Fakten und allgemeine theoretische Prinzipien zum Tragen gebracht werden – das heißt, es läuft auf nichts weiter hinaus, als darauf zu beharren, daß man bei einer linguistischen Beschreibung nicht über die reine Aufzeichnung von Daten hinausgehen sollte.

Ein zweites Argument, das in der Diskussion vorgebracht wurde, ist, daß (in Joos Papier auf demselben Kongress) Verbindungen als phonetisch nachweisbar bewiesen würden, während wir behauptet hatten, daß die Abgrenzung von Phrasen, die in der Oberflächenstruktur angegeben wird, nicht durch phonetisch nachweisbare Verbindungen repräsentiert werden. Es gibt heute sicher niemanden, der behaupten wollte, daß die IC-Struktur einer Äußerung durch phonetisch nachweisbare Verbindungen angezeigt würden; ich werde daher jede weitere Diskussion dieses Punktes unterlassen.

Ein dritter Einwand gegen unsere Abhandlung war, daß wir durch die Annahme einer Oberflächenstruktur, die nicht nur eine Projektion der Phonetik ist (z.B. phonetisch nachweisbarer Verbindungen), die Hoffnung auf die Verwendung taxonomischer Auffindungsverfahren (discovery procedures) (d.h. verschiedenartiger Verfahren der Segmentierung und Klassifizierung) für den Nachweis syntaktischer Strukturen aufgegeben hätten. Dies geben wir ohne Weiteres zu, da wir davon ausgehen, daß die Diskussion der inzwischen vergangenen Jahre auf schlüssige Weise gezeigt hat, daß der Versuch, syntaktische Strukturen auf diese Weise zu entdecken, hoffnungslos (und außerdem völlig unmotiviert) ist.[8] Ein vierter Einwand ist, daß wir willkürlich syntaktische Analysen erfänden, um so die korrekten phonetischen Resultate zu erbringen. Um diesen Einwand zu stützen, zitiert Marckwardt unser Beispiel 'excess profits tax', von dem wir angenommen hatten, daß es die Bedeutung 'tax on excess profits' (Besteuerung von Wuchergewinnen) habe, und es dementsprechend analysiert hatten, indem wir zeigten, daß diese Analyse (nach der die Phrase 'excess profits' in das Nomen 'excess profits tax' eingebettet ist) die Betonungskontur erklärt. Marckwardt sieht offenkundig keinen Grund, diese Analyse des Ausdrucks 'excess profits tax' zu akzeptieren. Da keine weiteren Beispiele vorgebracht werden, übergehe ich diesen Einwand mit Schweigen.

Der Fünfte Einwand ist, daß unsere Analyse nicht vollständig sei. Es gäbe nämlich viele Konstruktionen, die wir in unserem explanativen Schema nicht erklärt hätten, während das Transskriptionssystem von Trager und Smith im Gegensatz dazu vermutlich für jede Äußerung, deren Hervorbringung wahrscheinlich ist, eine Repräsentation liefern könne. Es ist sicher richtig, daß unser Versuch, die Fakten der englischen Sprache zu erklären, keineswegs vollständig war; gleichzeitig stimmen wir durchaus der Annahme zu, daß es möglich sei, ein phonetisches Transskriptionssystem zu konstruieren, das vollständig sein wird. Es ist jedoch völlig sinnlos, die ‚Vollständigkeit' einer explanativen Theorie mit der 'Vollständigkeit' eines Schemas für die Aufzeichnung von Daten zu vergleichen. So ist es beispielsweise keine Kritik der physikalischen Theorie, daraufhinzuweisen, daß der Bereich, den sie ‚abdeckt', weit geringer ist als der eines Systems für die Aufzeichnung von Meßergebnissen. Innerhalb der Linguistik ist die Diskrepanz zwischen dem, was aufgezeichnet werden kann, und dem, was auf irgendeine ernsthafte Weise erklärt werden kann, ganz offensichtlich noch sehr viel größer als in der Physik. Diese Art prinzipieller Einwände gegen Versuche, Phänomene durch Zuhilfenahme anderer Fakten und postulierter theoretischer Prinzipien zu erklären, kann nur die Wirkung haben, zu gewährleisten, daß die Linguistik ad infinitum in einem Stadium des Datensammelns und Datenanordnens verharren wird.

Der letzte in Marckwardts Kritik vorgebrachte Einwand beruht auf zwei Behauptungen, die in unserer Abhandlung gemacht werden, nämlich daß die Oberflächenstruktur im Allgemeinen nicht durch physikalisch definierte Übergänge repräsentiert werde und daß die Untersuchungen der Betonung von Trager-Smith und anderen rein impressionistisch seien. Marckwardt stellt keine der beiden Behauptungen in Frage, und sicher kann auch keine der beiden in Frage gestellt werden. Er kommt jedoch zu der Schlußfolgerung, daß es sinnlos sei zu versuchen, auf impressionistische Weise aufgezeichnete Betonungskonturen in Form einer IC-Analyse zu erklären, die nicht durch phonetische Übergänge markiert ist. Diese Schlußfolgerung basiert offenbar auf seiner Überzeugung, daß eine Repräsentation von Oberflächenstrukturen, die nicht durch phonetische Übergänge dargestellt wird, kaum besser sei als eine bloße Fiktion; allgemeiner, daß die Linguistik sich nicht mit Phänomenen befassen sollte, die nur eine vage physikalische Entsprechung haben (90). Dies ist ein phantastischer Vorschlag, der weit über die von Reichling, Uhlenbeck, Dixon, usw. (vgl. Kapitel 2) vorgeschlagenen Begrenzungen linguistischer Forschung hinausgeht. Es gibt nicht den mindesten Grund anzunehmen, daß die Phonetik das einzige empirische Material zur Erhärtung von Schlußfolgerungen über die syntaktische Belege liefere (oder daß sie überhaupt signifikante Belege liefert). Weder die traditionelle noch die moderne Syntaxforschung hat die Beschränkung auf phonetisch markierte Aspekte einer Äußerung akzeptiert (abgesehen von einer kurzen Zeit, als, augenscheinlich vergeblich, gehofft wurde, daß eine ‚phonologische Syntax' einige brauchbare Schlußfolgerungen erbringen würde).

Was die Tatsache anbelangt, daß die Repräsentation von Betonung rein impressionistisch und, soweit bekannt, nicht durch physikalische Messungen bestimmbar ist, erhärtet sie die Schlußfolgerung unserer Abhandlung und bleibt für diejenigen, die aus irgendeinem Grunde darauf bestehen, die Konstruktion von Grammatiken auf das zu begrenzen, was sie allein auf der Grundlage phonetischer Beobachtungen entdecken können, eine verwirrende Schwierigkeit. Von unserem

Standpunkt aus betrachtet wäre es keineswegs überraschend, wenn es sich herausstellen sollte, daß die vom gewissenhaften Phonetiker wahrgenommenen Betonungsebenen überhaupt keine physikalische Basis haben.[9] Da die phonetische Kontur in jedem Fall zu einem großen Teil eine automatische Reflexion der syntaktischen Struktur ist, ergibt sich konsequenterweise, daß jeder, der eine Äußerung versteht und somit im besonderen ihre Oberflächenstruktur bestimmt hat, dazu in der Lage sein müßte, die phonetische Kontur mit Hilfe von Regeln, die einen Teil seiner Sprachkompetenz darstellen, vorauszubestimmen. Er wird dann solange das ‚hören', was durch diese Regeln vorausbestimmt wird, wie dies mit den physikalischen Fakten nicht in zu starkem Maße konfligiert.[10] Jedenfalls scheint es unmöglich zu sein, die Tatsache, daß die Beurteilung von Betonungen möglicherweise keine rein physikalische Basis hat, mit dem Glauben an die Möglichkeiten einer ‚phonologischen Syntax' oder, in diesem Falle, mit dem Glauben an die Nützlichkeit von Untersuchungen der Lautgestalt, die unabhängig von der syntaktischen Struktur durchgeführt werden, in Einklang zu bringen.

Es ist mir nicht möglich, weitere spezifische Punkte aus dem Rest der aufgezeichneten Berichte der Konferenz von Texas zu entnehmen, die eine Erörterung verdienten. Zusammenfassend stelle ich fest, daß ich weder in Marckwardts Papier noch in der Diskussion irgendetwas finde, was einen Irrtum oder Mangel unserer Vorschläge, die die Regeln der Betonungszuordnung im Englischen betreffen oder des von uns vorgeschlagenen Prinzips zur Erklärung aufgezeichneter Daten nahelegen würde. In soweit als sie nicht auf Verwechselung oder Fehldeutung basieren, reduzieren sich die kritischen Einwände, hinsichtlich derer alle Teilnehmer übereinstimmten, lediglich auf die Beobachtung, daß es innerhalb der engen Grenzen, denen sie die linguistische Forschung unterwerfen, nur geringe Möglichkeiten, und dort, wo es möglich ist, keinen Grund für die Untersuchung der Prinzipien, die die phonetische Form determinieren, gibt. Wir stimmen mit dieser Beobachtung überein und haben den Eindruck, daß sie sehr wohl über den auf dieser Konferenz diskutierten Faktenbereich hinaus verallgemeinert werden kann. Dies scheint uns in der Tat der primäre Grund dafür zu sein, den Ansatz zur Erforschung der Sprache, der von den Teilnehmern dieser Konferenz akzeptiert wurde, abzulehnen. Ich glaube, daß eine sorgfältige Untersuchung des Vorgehens der Konferenz sich in dem Licht, das es auf die taxonomische Linguistik wirft, als recht lohnend erweisen könnte.

Es gibt allerdings eine sehr reale Kritik an unserer Abhandlung. Wie wir inzwischen festgestellt haben, sind wir bei der Eliminierung der Betonung aus der phonologischen Transskription nicht weit genug gegangen. Tatsächlich zeigen jüngere Arbeiten, daß sogar die Unterscheidung Betont-Unbetont im Englischen so marginal ist, daß es kaum sinnvoll ist, Betonung oder Akzentuierung als eine phonologisch funktionale Kategorie (d.h. als eine Kategorie, die eine durch + und – Zeichen ausgefüllte Reihe in lexikalischen Matrizen konstituiert) anzusehen, abgesehen von der Klasse von Beispielen, die im wesentlichen mit starken Verben oder unregelmäßigen Pluralformen vergleichbar sind. Außerdem befanden wir uns mit der Annahme, daß der reduzierte Vokal [i] in phonologischen Matrizen repräsentiert werden muß, im Irrtum. Sein Vorkommen kann durch eine Erweiterung des Transformationszyklus in der von Halle und Chomsky beschriebenen Richtung ebenfalls zum großen Teil vorausgesagt werden. Vgl. Halle und Chomsky (1960); Chomsky (1962b), Chomsky und Miller (1963).

Außer den iterierenden Regeln des Transformationszyklus gibt es auch viele nicht-transformationelle phonologische Regeln, die nur auf einer Stufe des Ableitungsprozesses angewendet werden. Dieses Faktum können wir dadurch zum Ausdruck bringen, daß wir diese Regeln in den Transformationszyklus inkorporieren, wobei wir ihre Anwendung auf die Ebene der Wortgrenze beschränken. Diese nichttransformationellen Regeln bewirken Modifikationen phonologischer Matrizen, die nicht durch Oberflächen-(IC)-Strukturen determiniert sind.

Sowohl über die Natur der transformationellen als auch über die der nicht-transformationellen phonologischen Regeln wäre noch viel zu sagen. Insbesondere muß darauf hingewiesen werden, daß die als zugrundeliegende Form postulierte Matrix im Laufe der Ableitung bedeutenden Modifikationen unterzogen werden kann und daß es tatsächlich nicht ungewöhnlich ist, daß die postulierte zugrundeliegende Form in keiner der realen phonetischen Repräsentationen auftaucht. Außerdem ist immer wieder festgestellt worden, daß die zugrundeliegenden Formen gegenüber historischem Wandel außerordentlich resistent sind. Demgemäß stellt es sich häufig heraus, daß sich die zugrundeliegenden Formen einer Sprache von denjenigen sehr viel früherer Entwicklungsstufen dieser Sprache kaum unterscheiden und daß Dialekte, die sich in ihrer phonetischen Realisation und in der Oberflächenorganisation der phonetischen Daten stark unterscheiden, hinsichtlich der phonologischen Repräsentationen, die Formativen und Sätzen zugeordnet werden, recht ähnlich oder identisch sein können. In jüngster Zeit durchgeführte Arbeiten über das Englische erhärten diese allgemeinen Schlußfolgerungen in starkem Maße; sie zeigen, daß die phonologische Repräsentation der Dialekte, die bisher untersucht worden sind, tatsächlich größtenteils der konventionellen Orthographie entspricht.

Zusammenfassung

In dieser Abhandlung habe ich einige Themen der linguistischen Theorie von einem Standpunkt aus erörtert, der in überwiegender Hinsicht ganz traditionell ist, dem jedoch in den Arbeiten, die in letzter Zeit durchgeführt wurden, neues Leben gegeben worden ist. Ich habe auch versucht zu zeigen, daß diese traditionelle Auffassung in ihren wesentlichen Grundzügen übernommen werden muß, wenn die linguistische Forschung Fortschritte machen und Antworten auf bedeutsame Fragen geben soll. Natürlich sind hinsichtlich dieser Frage verschiedene Werturteile möglich; ich habe hier und in den früher erwähnten Arbeiten, auf die ich Bezug genommen habe, versucht, diejenigen zu begründen, die den Arbeiten, über die ich hier einen Überblick gegeben habe, zugrundeliegen.

Diese Arbeiten beruhten auf der Annahme, daß Kompetenz und Performanz voneinander unterschieden werden müssen, wenn beide auf ernsthafte Weise erforscht werden sollen. In ihnen ist darüberhinaus versucht worden, eine explanative Theorie der Kompetenz zu liefern, und diese als Grundlage für eine Erklärung der Performanz zu verwenden. Die Theorie der Kompetenz ist natürlich eine mentalistische, und zwar insofern, als sie auf dem gegenwärtigen Stand der Erkenntnis weder einen direkten Beitrag zur Erforschung der Mechanismen leisten kann, durch welche die mentalen Strukturen, also der Untersuchungsgegenstand dieser Theorie, realisiert werden können, oder die die von der Theorie untersuchten mentalen Prozessen durchführen, noch sich auf empirische Belege solcher Mechanismen stützen kann. Demnach behandelt die Theorie der Kompetenz (d.h. die Grammatiktheorie) abstrakte Strukturen, die postuliert werden, um sprachlichem Datenmaterial Rechnung zu tragen und es zu erklären.

Bestimmte Teile der Grammatiktheorie scheinen heute verhältnismäßig gut belegt zu sein. Der abstrakte Charakter der zugrundeliegenden (Tiefen-)Struktur sowohl in der Syntax als auch in der Phonologie kann kaum angezweifelt werden, und es gibt interessante allgemeine Schlußfolgerungen, die aus dieser Tatsache gezogen werden können (siehe S. 128, Anm. 11). Die Rolle grammatischer Transformationen in der Syntax und in der Phonologie scheint angesichts der gegenwärtig verfügbaren Informationen kaum in Frage gestellt werden zu können, auch die Rolle distinktiver Merkmale in der

Syntax und in der Phonologie scheint gut gesichert zu sein. Es herrscht auch kaum noch Zweifel daran, daß die Regeln, die abstrakte zugrundeliegende Strukturen mit Oberflächenformen in Beziehung setzen, in vielen, ja vielleicht in allen Teilen der Grammatik linear oder zyklisch geordnet sind.

Nichtsdestoweniger versteht es sich von selbst, daß jede Grammatiktheorie, die heute formuliert werden kann, einen stark tentativen Charakter haben muß. Viele Fragen bleiben völlig, viele zum Teil offen. Ganz allgemein werden die gegenwärtig formulierbaren empirischen Annahmen über die Sprachform zweifellos verfeinert, verbessert und in wesentlichen Teilen revidiert werden, wenn neue kritische Belege gesammelt und tiefere theoretische Einsichten erreicht werden. Veränderungen der Sprachtheorie werden in den kommenden Jahren unvermeidbar sein. Kurz, die Linguistik ist eine lebendige Wissenschaft.

(Massachusetts Institute of Technology
Cambridge, Mass., USA
1964)

II.

Herman Parret

Interview mit Noam Chomsky

Übersetzt von
Barbara Hillgen und
Rainer Kuhlen

Vorwort der Übersetzer

„Es gibt keine Garantie dafür, daß man selbst der genaueste Zeuge seiner intellektuellen Entwicklung ist" (Chomsky). Und genausowenig ist der Autor selbst der beste Interpret seines Werkes, auch wenn wegen der Authentizität auf seine Selbstinterpretationen nicht zu verzichten ist. Sein Werk, das schon längst aus dem Zustand der Revolution in den der Klassik übergegangen ist, wird als Standardtheorie oder, wie es Chomsky jetzt lieber formuliert, als erweiterte Standardtheorie auch die nächsten Jahre der linguistischen Diskussion bestimmen, und auch Chomsky selbst wird es trotz all seiner Bemühungen nicht verhindern können, daß es – aus seiner Sicht – ständig neue Mißverständnisse in der Interpretation geben wird. Das bewahrt ihn vor dem Schicksal, vorschnell *nur* zu einem Klassiker zu werden.

Das vorliegende Interview von 1972, bei dem Herman Parret die Fragen stellt, gibt ein eindrucksvolles Zeugnis für den Willen Chomskys ab, seine Arbeiten, besonders die 'Aspects', als Zentrum der linguistischen Theoriediskussion herauszustellen, und dies nicht nur als Vergangenheit und Gegenwart, sondern auch als Anleitung und Rahmen zukünftiger Forschungsstrategien. So sieht sich Chomsky im Fokus der rationalistischen Traditionen, formuliert interessante wissenschaftstheoretische Zusammenhänge zu Peirce's ‚admissible hypotheses' und zu den Regeln der Abduktion, unterscheidet genau zwischen europäischem Strukturalismus (Saussure, Prager Schule, Glossematik) und amerikanischer taxonomischer Linguistik, wobei er mit den europäischen Traditionen nicht viel anfangen kann, greift sehr kritisch die Verabsolutierung der Kommunikationstheorien an, sieht trotz Möglichkeit und Notwendigkeit von Sprechakttheorien (Searle) und einer Theorie der kommunikativen Kompetenz (Hymes, Habermas) in beiden keine generellen linguistischen Theorieansätze und kann – in strikter Absetzung von Postal – alle einigermaßen plausiblen Semantiktheorien seit den sechziger Jahren im Grunde nur als Varianten der erweiterten Standardtheorie begreifen, die seinen Ansatz nicht in Frage stellen können. Chomsky bekennt seinen praktizierten Agnostizismus hinsichtlich der Grenzziehung von Syntax und Semantik, akzeptiert Searle's interpretativen Begriff vom ‚syntaktischen Menschen' aber lediglich als mögliche Beschreibung seiner veröffentlichten Arbeiten und bestreitet dabei der Semantik keinesfalls ihre ‚Theoriefähigkeit'. Neben diesen Aussagen zum Selbstverständnis und zur Einordnung seiner Theorie sind vor allem Aussagen zu einzelnen Begriffen und Verfahren bedeutsam, die auf Grund des besonderen Charakters eines Interviews freier und zum Teil auch polemischer formuliert worden sind als es in Buch- oder Aufsatzveröffentlichungen möglich ist. Man erfährt, wenn nicht unbedingt Neues, so doch Differenzierendes zu ‚regelgeleitet', zum Verhältnis von Syntax und Semantik, zum Verständnis der Linguistik als psychologische Theorie, zur Einschätzung der Bedeutung der Geschichte der Sprachwissenschaft, zu formalen und substantiellen Universalien, zum Transformationsbegriff, zur deskriptiven und explanativen Adäquatheit, zur generativen Semantik und nicht zuletzt zu seiner Aufffassung der Wechselwirkung von Philosophie und Linguistik. Sicherlich ist die generative Transformationsgrammatik nicht aus der Beschäftigung mit rationalistischer Philosophie entstanden, wohl aber ist das von Anfang an vorhanden gewesene spekulative Interesse eine Erklärung dafür, daß seine Theorie einen wesentlichen Beitrag zu dem darstellt, was von ihm und von der Tradition unter dem Begriff ‚Geist' subsumiert worden ist.

So erfüllt das Interview einen doppelten Zweck: es erleichtert dem Anfangenden den Zugang zu Chomskys Arbeiten, indem Chomsky sich gleichsam selbst referiert, und kann dem interpretierenden und forschenden Fachmann wichtige Hinweise auf das Selbstverständnis und die mögliche weitere Entwicklung der Linguistik geben.

Bei Selbstzitierungen Chomskys sind durchgängig die erschienenen deutschen Übersetzungen verwendet worden. Philosophen, Descartes, Hume, sind nach den englischen Ausgaben belegt, aber zusätzlich nach gut erhältlichen deutschen Ausgaben zitiert. Einigen problematischen Übersetzungen ist in Klammern der englische Text beigefügt, z.B. Hypothese der ‚angeborenen Sprachlernfähigkeit' (innateness hypothesis). Der Text ist lediglich an zwei Stellen ein wenig kommentiert worden. Herr Prof. D. Wunderlich hat sich dankenswerter Weise auch bei der Durchsicht dieser Übersetzung viel Mühe gemacht. Mögliche Ungenauigkeiten gehen aber alleine zu Lasten der Übersetzer.

Rainer Kuhlen

H. P. Noam Chomsky, nahezu jedermann hielt die Veröffentlichung von *'Syntactic Structures'* (1957) für eine Revolution in der zeitgenössischen Linguistik. Was bedeutete es *1957* zu sagen, daß eine Grammatik *generativ* sei und was bedeutet es *heute*?

N. Ch. Eine generative Grammatik ist nichts anderes als ein System von Regeln und Prinzipien, das in vollkommen expliziter Weise eine im allgemeinen infinite Menge sprachlicher Objekte spezifiziert. In der Mitte der fünfziger Jahre wie auch heute ging und geht man von der Annahme aus, daß die generierten sprachlichen Objekte strukturelle Beschreibungen von Sätzen seien. In der Version der generativen Grammatik, wie sie 1957 in *'Syntactic Structures'*[1] ansatzweise ausgeführt ist, lag der Hauptakzent aus heuristischen Gründen auf den generierten Sätzen selbst. Die zugrundeliegende Annahme, wie sie kurz in der Einleitung angedeutet wurde, beruhte darauf, daß eine allgemeine Sprachtheorie ein System von Repräsentationsebenen und ein allgemeines Verfahren folgender Art anbietet: Wenn eine zugelassene Grammatik und die Derivation eines von dieser Grammatik generierten Satzes gegeben ist, dann wird nach diesem allgemeinen Verfahren jedem Satz eine Repräsentation auf jeder sprachlichen Ebene zugewiesen. Die verschiedenen Repräsentationen zusammen stellen seine strukturelle Beschreibung dar. In späteren Kapiteln wurde dann erörtert, welche Rolle die zugewiesenen strukturellen Beschreibungen im Gebrauch und im Verstehen von Äußerungen spielen könnten. Die hierbei zugrundeliegenden Annahmen wurden ausführlich in einer noch unveröffentlichten Studie mit dem Titel *'The Logical Structure of Linguistic Theory'*[2] erörtert. Vielleicht war diese Formulierung irreführend. So habe ich in der Literatur Hinweise auf die angebliche Tatsache bemerkt, daß in einem frühen Stadium der generativen Grammatik die Untersuchung sich auf die Generierung von Sätzen konzentrierte und daß sich das Interesse erst später der Generierung struktureller Beschreibungen zuwandte. Dies ist völlig falsch, wie die einführenden Seiten von *'Syntactic Structures'* und die Diskussion um die explanative Stärke und um Syntax und Semantik zeigen. Vielleicht läßt sich die Sache klären, wenn ich auf etwas hinweise, was nicht allgemein bekannt ist. *'Syntactic Structures'* wurde nicht zum Zweck einer Veröffentlichung geschrieben. Es ist im Grunde nur eine Reihe von Vorlesungsnotizen für einen undergraduate course am MIT (= Massachusetts Institute of Technology). Wenn *'The Logical Structure of Linguistic Theory'* veröffentlicht worden wäre, vielleicht zusammen mit

'Syntactic Structures' als eine Art Einführung, dann hätte es möglicherweise weniger Mißverständnisse gegeben. Dies war jedoch in der Situation der fünfziger Jahre nicht möglich.

H. P. Kann aufgrund des infiniten Charakters der Sprache unterstellt werden, daß die Grammatik selbst generativ ist?

N. Ch. Da eine Sprache infinit ist, folgt, daß die Grammatik, die sie spezifiziert und generiert und die zwangsläufig finit ist, über rekursive Prozeduren verfügt. Die Forderung an die Grammatik, sie solle so weit wie möglich explizit sein, beruht auf dem Interesse an Bestätigung, Nichtbestätigung und Erklärung. Bei Erfüllung dieser Anforderungen ergibt sich die generative Grammatik.

H. P. Deckt Ihr Begriff der *Kreativität* mehr als nur den generativen Aspekt ab?

N. Ch. Leider ist zuweilen das, was ich den ‚kreativen Aspekt des Sprachgebrauchs' genannt habe, mit etwas völlig anderem, nämlich den rekursiven Eigenschaften der Grammatik, verwechselt worden. Dies ist eine Begriffsverwirrung, im wesentlichen eine Verwechslung von Performanz und Kompetenz. Ich habe den Ausdruck ‚kreativer Aspekt des Sprachgebrauchs', wie schon aus der Formulierung ersichtlich, benutzt, um eine Eigenschaft des Gebrauchs der Sprache, des sprachlichen Verhaltens aufzuzeigen. Diese Eigenschaft kann man bezeichnen als: schöpferisch, unbegrenzt, unabhängig von äußeren Reizen und erkennbaren physiologischen Zuständen, in sich stimmig und angemessen für Situationen, in denen im Zuhörer Gedanken hervorgebracht werden, die denen des Sprechers entsprechen, Gedanken, die der Hörer in ähnlicher Weise in einem ähnlichen Sprachgebrauch ausgedrückt haben könnte. Diese Aspekte des Sprachgebrauchs wurden auf recht interessante Weise in Arbeiten des 17. bis 19. Jahrhunderts bemerkt und erörtert. Hierauf bin ich in *'Cartesian Linguistics'*[3] und an anderen Stellen eingegangen. Diese Erörterung entstand ursprünglich im Kontext des Problems der Existenz anderer Intelligenzen*. Die ausschlaggebenden Ansatzpunkte waren in diesem Kontext nicht die Frage des Infiniten oder der

* Gemeint ist das von Decartes und im Anschluß an ihn oft diskutierte Problem, wie man sich vergewissern kann, ob auch andere Menschen und nicht nur allein das sich selbst beobachtende Ich mit der gleichen Vernunft ausgestattet sind. Denn nur so ist Allgemeingültigkeit von Erkenntnis annehmbar. – d. Ü.

Unabhängigkeit von einer Reiz-Kontrolle – die Cartesianer hatten erkannt, daß auch ein mechanisches System eine unbegrenzte Mannigfaltigkeit aufweisen könnte und daß andererseits eine Einrichtung mit einem Zufallselement, selbst wenn es unabhängig von der Reiz-Kontrolle ist, nicht schon das Verhalten zeigen würde, für das zu Recht das Attribut ‚Geist' zugewiesen werden könnte. Im Gegenteil, andere Aspekte standen im Vordergrund dieser Untersuchungen, und ich glaube, es ist auch heute noch so. Die rekursive Eigenschaft generativer Grammatiken ist Bedingung der Möglichkeit für den kreativen Aspekt des Sprachgebrauchs, aber es ist ein fundamentaler Irrtum, beides zu verwechseln, wie einige Linguisten es tun.

H. P. Ist der Begriff der Kreativität durch empirische Beweise untermauert oder geht man bei seiner Verwendung von metatheoretischen und ideologischen Voraussetzungen aus?

N. Ch. Die Cartesianer hatten einige empirische Beweise formuliert, die sich auf dieses Thema beziehen, unter ihnen vor allem Cordemoy[4]. Meines Wissens hat jedoch niemand dieses Problem systematisch erforscht. Ich vermute, dafür gibt es zwei Gründe: erstens, gab es, was man ‚ideologische Überlegungen' nennen könnte, die die Aufmerksamkeit von diesen Eigenschaften des Sprachgebrauchs ablenkten; zweitens, ist die Frage erst einmal aufgeworfen und begegnet man ihr aufrichtig ohne ideologische Vorurteile, dann scheint sie recht banal. Nur wenige sind bereit, umfangreiche empirische Untersuchungen zu unternehmen, um das Banale zu beweisen. Jedoch scheint es vordringlicher zu sein, diese Fragestellungen zu klären und zu bestimmen zu versuchen, was die fundamentalen Fakten implizieren, die recht eindeutig erscheinen, wenn man den normalen Gebrauch der Sprache ohne Vorurteile, wie etwa die des Behaviorismus, beobachtet. Ein Wissenschaftler, der die Untersuchung des Sprachgebrauchs ohne solche Vorurteile angeht, wird sofort feststellen, daß auch eine peinlich genaue, umfassende Analyse von ‚Situationen' oder ‚Zufälligkeiten der Verstärkung' (contingencies of reinforcement) ihm überhaupt keinen Einblick in die ‚Verursachung des Verhaltens' gibt. Darunter wird das Problem verstanden, die Wahrscheinlichkeit einer Reaktion unter Berücksichtigung des Verlaufs der Verstärkung und der augenblicklichen Reize zu erfassen. Der Wissenschaftler würde, wenn er rational ist, den Schluß ziehen, daß ein ganz anderer und mehr indirekter Ansatz gefunden werden muß, um wenigstens etwas Verständnis in diese Angelegenheiten zu bringen. Vermutlich aus diesen Gründen hat bisher niemand eine gewissenhafte und sorgfältige empirische Untersuchung der Frage durchgeführt, ob der gewöhnliche Sprachgebrauch die vorhin erwähnten Eigenschaften hat.

H. P. Hebt nicht die Bezeichnung ‚regel-geleitet' die in ‚Kreativität' gelegene Aussagekraft auf?

N. Ch. Ich glaube nicht. Ganz im Gegenteil. Meiner Meinung nach kann man argumentieren, daß ‚Kreativität' – sowohl in der Bedeutung, die in dem Ausdruck ‚kreativer Aspekt des Sprachgebrauchs' intendiert ist, als auch in der gebräuchlicheren Bedeutung, wenn man sich auf Handlungen oder Leistungen bezieht, die auf kritische Weise, durch die zusätzliche Eigenschaft ästhetischer oder intellektueller Vorzüglichkeit charakterisiert sind – ein *Regelwerk* voraussetzt, das zum Teil vielleicht eine Schöpfung menschlicher Intelligenz und menschlichen Wissens ist, zum Teil aber Reflex einer biologisch determinierten mentalen Struktur. Ein Sonnett oder ein Streichquartett ermangelt nicht der ‚Kreativität', nur weil es innerhalb strenger – vielleicht modifizierbarer – Formen aufgebaut ist. Ein Gemälde ist um nichts weniger das Produkt kreativer Einbildungskraft, wenn in ihm bestimmte Vorschriften des Stils und der Technik eingehalten wurden. Dies ist ein Gemeinplatz in der klassischen ästhetischen Theorie, oftmals abgehandelt unter dem Thema der Beziehung zwischen *Genie und Regel.* Wenn alle Schranken aufgehoben werden, kann es kein kreatives Handeln geben. Jemand, der z.B. willkürlich Farbe an eine Wand wirft, produziert dabei kein Kunstwerk. Ähnliche Beobachtungen gelten auch im Falle intellektueller Kreativität, etwa bei der *Theoriebildung* in der Wissenschaft. Es gibt unbekannte, aber gewiß handlungswirksame Bedingungen, die das, was Peirce ‚zulässige Hypothesen' (admissible hypotheses) nennt, bestimmen und damit die Theorien, die zur ‚wahren Wissenschaft' gezählt werden. Dies sind die Theorien, die in gewisser Weise der Struktur der kognitiven Fähigkeiten des Menschen angepaßt sind. Sie vermitteln Einsicht und wirkliches Verstehen, nicht lediglich akkurate Vorhersage. Die Regeln der *Abduktion*, wie es in Peirces Terminologie heißt[5], machen den Bereich menschlicher Erkenntnis aus, wie sie gleichzeitig deren Grenzen festlegen. Die Prinzipien, die eine bestimmte künstlerische Form oder einen Stil spezifizieren, sind auch die notwendige Voraussetzung für künstlerische Kreativität und natürlich gleichzeitig ihre Grenzen. Daß in beiden Fällen Regeln und Prinzipien zum Teil willkürlich gewählt oder erfunden werden können, ist zugegebenermaßen eine andere Sache, widerspricht jedoch nicht dem, was ich soeben in der Wiederholung einiger bekannter Vorstellungen sagte; die Diskussion wird lediglich auf ein höheres Abstraktionsniveau gebracht, auf dem dieselben Überlegungen gültig sind. Mir scheint, daß dasselbe auch für das prosaischere Problem des kreativen Aspekts des Sprachgebrauchs zutrifft. Auch hier gelten die gleichen Überlegungen. Nur regelgeleitetes Verhalten kann ‚kreativ' in diesem engeren Sinne sein. Dies gilt für den Gebrauch der Sprache und auch für die Entdeckung oder ‚Schöpfung' der Grammatik durch denjenigen, der eine Sprache erlernt, was ebenfalls eine regelgeleitete Handlung ist. Wäre dies nicht so, dann könnten alle Hypothesen, die mit den gegebenen Daten kompatibel sind, den Anspruch erheben, ‚zugelassene Grammatiken' zu sein. Kein Lernen wäre möglich. Es gäbe keine Kommunikation – es sei denn rein zufällige – zwischen Menschen mit vergleichbarer sprachlicher Erfahrung.

H. P. Ist die Hypothese der ‚angeborenen Sprachlernfähigkeit' (innateness hypothesis) der notwendige Eckstein jedes rationalistischen Denkens über Sprache?

N. Ch. Nicht nur dieses. Jede nicht leere Theorie der Sprache, sei sie nun rationalistisch, empiristisch, behavioristisch oder was auch immer, muß eine Hypothese der angeborenen Sprachlernfähigkeit aufstellen. Die eigentlich interessanten Fragen zielen auf den *präzisen* Charakter dieser Hypothese ab, nicht auf ihre Existenz an sich als notwendiges Element einer nicht leeren Theorie.

H. P. Nach Searle[6] schließt Ihr Begriff der angeborenen Sprachlernfähigkeit eine Definition des Menschen als eines ‚syntaktischen Wesens' ein. Stimmen Sie dem zu?

N. Ch. Nur teilweise. In meinen ersten Arbeiten über dieses Thema insistierte ich auf dem für mich offensichtlichen Standpunkt, daß „es auffallende Entsprechungen zwischen den Strukturen und Elementen, die bei der formalen, grammatischen Analyse entdeckt werden, auf der einen Seite und spezifisch semantischen Funktionen auf der anderen Seite gibt" und daß diese Entsprechungen „nicht übersehen werden dürfen", sondern sie sollten im Gegenteil „in einer allgemeineren Theorie der Sprache untersucht werden, die eine Theorie der sprachlichen Form und eine Theorie des Sprachgebrauchs als Unterabteilungen enthalten wird". Außerdem schlug ich vor, daß „eine Untersuchung der semantischen Funktion der Ebenen-Struktur ... ein sinnvoller Schritt in Richtung auf eine Theorie der Verknüpfungen zwischen Syntax und Semantik sein" könnte und führte kurz, aus, wie man vorgehen könnte. Ein wesentliches Kriterium bei der Selektion formaler Theorien muß dann ihre Fähigkeit sein, „eine Vielfalt von Fakten über die Art und Weise, in der Sätze gebraucht und verstanden werden, zu klären und zu erklären", ihre Fähigkeit, „die semantische Beschreibung zu unterstützen"[7].

In einer späteren Arbeit[8] führte ich weiter aus, daß es längst nicht auf der Hand liege, daß es eine „klare Grenze zwischen Syntax und Semantik" gibt und daß das Problem, eine solche Grenze zu bestimmen, „falls es überhaupt eine gibt", „solange offen bleiben [muß], bis wir für diese Gebiete ein tieferes Verständnis, als es uns heute möglich ist, erlangt haben", wobei ich hinzufügte, daß „genau dasselbe ... über die Grenze [gesagt werden kann], die semantische Systeme von Systemen von Kenntnissen und Überzeugungen trennt". Da ich immer ziemlich eindeutig diese agnostizistische Position eingenommen und immer ausdrücklich darauf insistiert habe, daß eine Theorie des Sprachgebrauchs und -verständnisses in jede umfassende Sprachtheorie inkorporiert werden muß, bin ich überrascht, daß Searle und andere gemeinhin angenommen haben, ich plädierte für eine Beschränkung auf eine Untersuchung der Syntax. Vermutlich ist der Grund für diese Verwirrung ein Mißverständnis gewisser technischer Probleme, die in *'Syntactic Structures'* und anderswo behandelt wurden, insbesondere die Frage, ob es möglich sei, semantische Kriterien für bestimmte grammatische Begriffe zu finden. Allerdings besteht ohne Zweifel meine eigene Arbeit primär in der Untersuchung genereller und spezieller Eigenschaften der Syntax und Phonologie, und ich habe niemals ernsthaft versucht, eine systematische Semantiktheorie aufzustellen. Insofern könnte man Searles Bemerkung als eine genaue Beschreibung der Beschränkungen meiner vorliegenden Arbeit verstehen. Ich möchte jedoch ausdrücklich betonen, daß ich stets darauf insistiert habe, daß sich eine umfassende Theorie der Sprache mit „den substantiellen und formalen Beschränkungen bei Begriffssystemen" auseinandersetzen muß, „die von Menschen auf der Basis gegebener Daten aufgebaut sind"[9], und daß solche Bemühungen unmittelbar zu einer Hypothese der ‚angeborenen Sprachlernfähigkeit' für die Semantik führen[10]. Andere, an erster Stelle Jerrold Katz[11], haben Konstruktives in diesem Bereich geleistet.

H. P. Warum soll Sprache gegenüber anderen Funktionen des Geistes eine so ausgezeichnete Stellung einnehmen? Was ist das Besondere an ihr im Verhältnis zu diesen anderen Funktionen?

N. Ch. Eine ernstzunehmende Antwort auf diese Frage ist erst möglich, wenn einige Untersuchungsergebnisse über andere ‚geistige Fähigkeiten' vorliegen. Leider liegen in anderen Untersuchungsbereichen zu ‚Funktionen des Geistes' keine Arbeiten vor, die dem im sprachlichen Bereich erreichten Grad an ausformulierter Spezifizierung vergleichbar wären. Deshalb kann man nur spekulieren, und ich habe wenig den klassischen Spekulationen über dieses Thema hinzuzufügen, wie ich sie beispielsweise in *'Cartesian Linguistics', 'Language and Mind'* und anderswo besprochen habe[12].

H. P. Dies führt uns zu der Frage nach der Autonomie der Linguistik. Was heißt das für Sie, daß die Linguistik ein Teilgebiet der Psychologie und zugleich ihr Paradigma sei?

N. Ch. Hume hatte sich vorgenommen, „die geheimen Triebfedern und Prinzipien [zu] entdecken, durch welche die Vorgänge im menschlichen Geiste ausgelöst werden"[13]. Dies scheint mir das grundlegende Problem in der Psychologie zu sein, obwohl viele Psychologen diese Formulierung zurückweisen würden. Wenn dem jedoch so ist, dann ist die Erforschung der sprachlichen Kompetenz und ihrer Funktion für die Performanz ein Zweig der Psychologie. Als ‚Paradigma' ließe sich die Linguistik in der Weise verstehen, daß sie aus verschiedenen Gründen weit über das hinausgegangen ist, was in anderen Forschungen auf diesem Gebiet möglich sein könnte. Unter Berücksichtigung der Grenzen unseres Verstandes treten hier Probleme auf, die nur noch Gegenstand von Spekulationen sein können, zum Beispiel: Sind die Eigenschaften von Sprache und die angeborenen Strukturen, die dem Spracherwerb und -gebrauch zugrundeliegen, einer besonderen *Sprachfähigkeit* spezifisch oder haben sie signifikante Analogien zu anderen geistigen Funktionen? Ich vermute, unter Vorbehalt, daß diese Eigenschaften und Strukturen zum Teil spezifisch für Sprache sind, genauso wie die besonderen Strukturen, die der visuellen Wahrnehmung und dem visuellen Lernen zugrundegelegt sind, diesem System spezifisch sind. Andere nehmen an, daß man ‚generalisierte Lernstrategien'[14] entwickeln wird, die die *Sprachfähigkeit* als einen Sonderfall inkorporieren. Da jedoch keine kohärenten Vorschläge vorliegen, fürchte ich, daß es unmöglich ist, diese Fragestellung weiter zu verfolgen.

H. P. Die generative Transformationsgrammatik ist *cartesianische* Linguistik. Ihre Bevorzugung der cartesianischen Schule und Ihre Ansicht von ihr sind oft kritisiert worden. Wären nicht vielleicht Kant oder Leibniz eine bessere Wahl gewesen?

N. Ch. Diese Frage beruht auf einem Mißverständnis. In *'Cartesian Linguistics'* habe ich verschiedene Themen besprochen, die im 17., 18. und frühen 19. Jahrhundert in einer Vielzahl von sich widersprechenden und oft miteinander konkurrierenden Traditionen untersucht wurden: den kreativen Aspekt des Sprachgebrauchs, spekulative Psychologie, das Problem der Erklärung in der Linguistik, die Theorie der Sprachform und des Sprachgebrauchs als eine psychologische Theorie. Ich habe gleich zu Beginn herausgestellt, daß Descartes selbst wenig zur Sprache zu sagen hatte, und einiges davon habe ich nicht berücksichtigt, weil ich es für irrelevant für die spezifischen Fragen, die mich interessierten, hielt, obschon einige der weniger bekannten Cartesianer, z.B. Cordemoy, sich intensiver mit Problemen der Sprache auseinandergesetzt haben. Insbesondere wurden in der Logik und Grammatik von Port-Royal, die ein in sich geschlossenes Begriffssystem bilden, sehr bedeutende Gedanken über Sprache weitgehend innerhalb der cartesianischen Denkweise entwickelt, wie auch in späteren Arbeiten auf dem Gebiet der ‚philosophischen Grammatik'. Ich habe auch ausdrücklich darauf hingewiesen – ein Punkt, der von vielen Kommentatoren übersehen worden ist –, daß „abgesehen von ihrem cartesianischen Ursprung ... sich die Sprachtheorie von Port Royal ... bis auf die Grammatik der Scholastik und Renaissance zurückführen [läßt], insbesondere auf die Theorie der Ellipse und der ‚Idealtypen', die ihre vollste Ausprägung in Sanctius' *Minerva* fand"[15]. Und ich habe wiederholt betont, daß die Beiträge, mit denen ich mich auseinandergesetzt habe, aus einer Vielzahl von Quellen stammen und daß viele der Diskutierten sich selbst kaum als ‚Cartesianer' bezeichnet hätten. Das trifft vor allem auf Humboldt zu, dem ich in *'Cartesian Linguistics'* und anderswo mehr Aufmerksamkeit gewidmet habe als irgendeinem anderen[16]. Aber ich habe zu zeigen versucht, daß die Werke, mit denen ich mich kritisch beschäftigt habe, mit gutem Grund in weitgehendem Maße als Ausbreitung cartesianischer Begriffe und Ansätze verstanden werden können, obwohl ich mich im Einzelfall auf eine Reihe anderer bedeutender Denkansätze bezogen habe. Zu Leibniz und Kant: Ich habe mich in den zitierten Arbeiten einigemal in einer sicher nicht sehr adäquaten Weise auf Leibniz bezogen und gelegentlich auch auf Kant[17], wobei ich betone, worauf Sie in Ihrer Frage abzielen, daß das Fehlen einer intensiven Auseinandersetzung mit Kant ein schwerwiegender Mangel ist –neben vielen anderen. Obgleich es, wie ich betont habe, große Lücken in diesem fragmentarischen Werk gibt, glaube ich dennoch nicht, daß sich im Rahmen eines anderen Denkansatzes klarere und aufschlußreichere Ergebnisse gezeigt hätten.

H. P. Kann man die Geschichte der Sprachwissenschaft als heuristische Präliminarien für die gegenwärtige Forschung der Linguistik ansehen?

N. Ch. Sicherlich nicht. Tatsächlich wurde mein eigenes Interesse an den erwähnten Werken erst geweckt, als die Grundlinien für die meisten meiner Arbeiten über Sprache bereits festlagen; weitere Arbeiten von mir und vielen anderen beruhen nicht auf diesen älteren Werken. Nichtsdestoweniger behaupte ich und glaube auch heute noch, daß ein Ignorieren dieser Tradition – oder genauer, dieser Kollektion sich gegenseitig durchdringender und miteinander steitender Traditionen – bedauerlich ist und daß es interessant ist zu sehen, wie Probleme, die sich in gegenwärtigen Arbeiten erneut stellen, vor dem Aufkommen der modernen Linguistik untersucht wurden.

H. P. Sie sehen Ihre eigene Theorie in dem wissenschaftstheoretischen Kontext der traditionellen Diskussion über Empirismus und Rationalismus. Welches ist das relevante Kriterium zur Unterscheidung dieser beiden Positionen?

N. Ch. Ich habe verschiedentlich vorgeschlagen, daß man zwischen zwei Ansätzen zur Untersuchung der Sprache und anderen kognitiven Funktionen unterscheiden könne; nennen wir sie einmal E und R, wobei von E die ‚Operationen des Geistes' in erster Linie als ein System der ‚Datenverarbeitung' bezeichnet werden, das ergänzt wird durch ein System von Fähigkeiten zur anfänglichen Analyse sinnlicher Erfahrung, und durch R, im Gegensatz dazu, ausgesagt wird, daß die Gestalt vorliegender Systeme des Wissens und Meinens – insbesondere der Grammatik – durch angeborene Mechanismen vorherbestimmt sei und daß es der Erfahrung in erster Linie zukommt, Systeme auszudifferenzieren und zu artikulieren, die in ihrer allgemeinen Gestalt und in ihren operativen Prinzipien vorherbestimmt sind. Ich habe zur Diskussion gestellt, daß es angemessen wäre,

E und R als sinnvolle ‚rationale Rekonstruktionen' einiger leitender Ideen im Empirismus respektive Rationalismus aufzufassen. Ich will hier nicht mehr auf die Einzelheiten eingehen, wie sie in *'Aspects'*[18] und anderswo dargelegt sind. Wenn man so vorgeht, dann läßt sich unter E subsumieren: empiristische Lerntheorien – hierbei die engeren Spielarten, die in den inhaltsvolleren Zweigen der behavioristischen Psychologien entwickelt wurden –, die Theorie der distinktiven Merkmale *, die Analyseverfahren, wie sie am detailliertesten und reichhaltigsten im amerikanischen Strukturalismus nach Bloomfield ausgeprägt sind, Quines Idee des 'quality space' und seine damit zusammenhängenden Vorstellungen vom Lernen der Sätze' in *'Word and Object'*[19] – aber nicht seine späteren, völlig anders gelagerten Ansichten – und ähnliche Themen. Dagegen fallen unter R: rationalistische Psychologie der Art, wie ich sie in *'Cartesian Linguistics'*[20], *'Aspects'*[21] und anderswo diskutiert habe, ebenso der Ansatz, den ich in *'Aspects'* im Rahmen der allgemeinen Theorie der Transformationsgrammatik zur Diskussion gestellt habe.

H. P. Basiert Ihre Argumentation zugunsten einer rationalistischen Philosophie der Sprache lediglich auf der Existenz komplexer sprachlicher Universalien?

N. Ch. Sicher nicht. Jede nicht leere Theorie über die ‚Operationen des Geistes' muß gewisse sprachliche Universalien enthalten. Nehmen wir einmal an, Quine hätte recht, wenn er in *'Word and Object'* Sprache als ein System von Sätzen beschreibt, die miteinander und durch Reize aufgrund des Mechanismus bedingter Reflexe verbunden sind. Wenn das stimmt, dann können wir unmittelbar bestimmte Universalien ableiten. Mein Argument besagt, daß die Universalien, die in den verschiedenen Vorstellungen in E impliziert sind – so wie ich sie in den Kommentaren oben und in den zitierten Belegen beschrieben habe – faktisch nicht richtig sind. Das heißt, ich habe dahingehend argumentiert, daß man, wenn man spezifische Spielarten von E und R als empirische Hypothesen mit Blick auf sprachliche Universalien, und zwar formale und substantielle, ansieht, entdeckt, daß die Schlußfolgerungen in E unkorrekt und diejenigen in R entwickelten der Wahrheit viel näher zu sein scheinen. Dies ist eindeutig eine empirische Streitfrage, nachdem die sich widerstreitenden Theorien erst einmal präzisiert worden sind. Nicht wenige

* Chomsky bezieht sich auf die Methode der Zerlegung von Phonemen in distinktive Merkmale; wie sie in der Prager Schule (Trubetzkoy, Jakobson u.a.) angewendet wurde. – d.Ü.

Kommentatoren haben behauptet, daß ich durch die Rückführung der Probleme auf empirische den ganzen Komplex aus dem traditionellen Kontext von empiristischer und rationalistischer Philosophie herausgenommen hätte. Ich will dieses Thema hier nicht weiter verfolgen, lediglich eine Meinungsverschiedenheit feststellen. Die traditionelle Diskussion enthielt viele Streitfragen, von denen wir einige für *empirische* halten würden. So waren etwa die Theorien der Wahrnehmung (beispielsweise von Dreiecken), die von Descartes und Cudworth vertreten wurden, in unserem Verständnis *empirische* Theorien – obschon natürlich der Philosoph, der glaubte, er hätte die Existenz eines Gottes, der uns nicht betrügt, allein aus der Vernunft bewiesen, und der in den *'Prinzipien der Philosophie'* behauptet hatte, daß „es in der Natur keine Erscheinung gibt, die in dieser Abhandlung nicht untersucht worden sei", dies selbstverständlich sehr anders sehen würde. Hume hoffte, als er sich zur Aufgabe machte, die Operationen des Geistes zu untersuchen, ähnlich erfolgreich zu sein wie der „Philosoph ... der ... durch einen besonders glücklichen Gedankengang ... auch die Gesetze und Kräfte bestimmt hat, durch welche der Umlauf der Planeten beherrscht und gelenkt wird"[22]. Beim Lesen der klassischen Literatur habe ich nicht zwischen ‚wissenschaftlichen' und ‚philosophischen' Fragen unterschieden und habe mich ganz bestimmt nicht nur oder auch nur in erster Linie mit notwendigen Wahrheiten, ihrem Ursprung und Charakter, in dem Sinne, wie wir heute diese Begriffe verwenden, beschäftigt. Daher glaube ich, daß die von mir vorgeschlagene rationale Rekonstruktion tatsächlich bestimmte wichtige Begriffe aus der traditionellen Diskussion herausnimmt, wobei sie sicherlich in anderer Weise ausgedrückt werden und zu Schlußfolgerungen führen, die zum Teil von allen traditionellen Anschauungen abweichen. Dies habe ich oftmals betont. Im Gegensatz dazu verzerrt die gängige Einstellung die traditionelle Diskussion, indem sie diese als mit Themen befaßt sieht, die in irgendeinem zeitgenössischen Sinn ‚auf paradigmatische Weise philosophisch' sind, und indem sie die Frage, was Ursprung und Eigenschaft dessen ist, was wir als ‚notwendige Wahrheiten' ansehen würden, als die einzige Fragestellung nimmt.

H. P. Ist *Strukturalismus* notwendigerweise identisch mit Taxonomie und demnach auf eine behavioristische und empiristische Sprachauffassung fixiert? Die Glossematik zum Beispiel scheint doch eine stark deduktive, konstruktivistische, wenn nicht gar rationalistische Sprachtheorie zu sein.

N. Ch. Meiner Meinung nach müssen Behaviorismus und Strukturalismus scharf voneinander getrennt werden; strukturalistische Theorien gingen oftmals weit über das Niveau der Theoriebildung hinaus, wie sie in den nicht bloß leeren Spielarten des Behaviorismus möglich gewesen wären. Ich glaube in der Tat, daß der Strukturalismus in seinen bestehenden Formen vielleicht als subsumierbar unter E angesehen werden kann – und zwar in dem Sinne, wie ich diesen Begriff definiert habe – und damit zur *rationalen Rekonstruktion* dessen gerechnet werden kann, was ich für die führende Vorstellung im Empirismus halte. Sicherlich sind die rekonstruierten Begriffe E und R etwas vage und ungenau geblieben, und man könnte unter Verwendung dieser Begriffe manche Literatur unterschiedlich interpretieren. So habe ich in *'Aspects'*[23] „Jakobsons Theorie der distinktiven Merkmale [und] die Theorie der Transformationsgrammatik" als zwei Theorieinstanzen bezeichnet, „die dem Mechanismus zur Spracherlernung formale und substantielle Universalien zuweisen", ganz in der Art von R, „als eine Eigenschaft, die unter geeigneten äußeren Bedingungen zu realisieren ist". Ich glaube, daß es angemessen ist, Jakobsons Theorie der distinktiven Merkmale oder einige Elemente aus ihr so zu interpretieren, obwohl ich aus der Literatur keinen Vorschlag kenne, daß eine solche Interpretation beabsichtigt gewesen ist. Was der Strukturalismus ‚notwendigerweise' anderes sonst sein sollte, darüber habe ich keine Meinung. Ich meine, daß die Frage nicht ganz richtig gestellt ist. Auch zwischen Strukturalismus und Taxonomie muß differenziert werden. So ist die Theorie distinktiver Merkmale nicht eine Spielart der Taxonomie im engeren Sinne. Im Hinblick auf die Glossematik fürchte ich, kann ich keine Meinung vortragen. Ich bin nicht in der Lage gewesen, in der Glossematik irgendwelche klaren Prinzipien der Sprachstruktur zu erkennen, noch irgendeine explizit empirische Hypothese über die Natur oder den Gebrauch von Sprache, die in den Begriffen, die mich interessiert haben, einer Analyse oder Verifikation unterworfen werden könnten. Soweit ich das überblicke, handelt es sich vorwiegend um ein ausgeklügeltes terminologisches System. Ich sage das einmal versuchsweise. Viele Arbeiten der Glossematik verstehe ich einfach nicht.

H. P. Übersieht Ihre Interpretation des europäischen Strukturalismus hier vor allem Saussure, nicht ein wesentliches Merkmal seiner Ansicht über Sprache, insbesondere, daß man eine syntagmatische Achse der Sprache, d.h. ihre Diskursivität annehmen müsse?

N. Ch. Ich habe die Vorstellungen der europäischen Strukturalisten hinsichtlich der *syntagmatischen Achse* der Sprache niemals im Detail erörtert. Der Grund hierfür ist, daß bezüglich meiner Interessen diese Vorstellungen simpler und weniger ausformuliert waren als die Theorien der Satzstruktur, die im amerikanischen Strukturalismus nach Bloomfield entwickelt worden sind. Letztere gehören nach meiner Ansicht zur oben erwähnten Kategorie E und sind aus empirischen Gründen inadäquat. Aus denselben Gründen versagen daher a fortiori auch die ersteren. Ich bin einmal kurz auf Saussures Vorstellungen über Satzbildung eingegangen[24]. Mir scheint, daß er sich niemals von der traditionellen Vorstellung hat freimachen können, daß Sprechen aus einem Fluß von Gedanken besteht, die einem Fluß von Worten entsprechen. Bei dieser Annahme wird das Hauptthema der generativen Syntax letztenendes ausgeklammert. Unter dieser Annahme faßte die philosophische Grammatik die Syntax als einen ziemlich begrenzten Untersuchungsgegenstand auf, da die ‚natürliche Ordnung' der Wörter in einem Satz außerhalb ihres Bereichs lag. Saussure stellte diese Doktrin niemals eindeutig heraus, jedoch wiederholte er sie im Grunde in seinen Begriffen. So wies er die Satzbildung etwas undurchsichtig der *parole* oder irgendeinem Grenzgebiet zwischen *parole* und *langue* zu. Möglicherweise sollte sein Begriff vom *Mechanismus der Sprache* diese Beschränkung überschreiten, aber es ist schwierig, auf der Basis der wenigen, ziemlich vagen Bemerkungen, die er zu diesem Thema hinterlassen hat, zu irgendeiner Schlußfolgerung zu gelangen. Um Ihre Frage zu beantworten: Ich glaube nicht, daß ich irgendetwas Wichtiges im Hinblick auf die Ansichten der europäischen Strukturalisten über die syntagmatische Achse unberücksichtigt gelassen habe.

H. P. Verfolgt Ihre Entscheidung zwischen Kompetenz und Performanz das gleiche methodologische Ziel wie Saussures Dichotomie von *langue* und *parole*?

N. Ch. Eine enge Verwandtschaft ist vorhanden, was ich auch verschiedentlich herausgestellt habe. Aber es besteht auch ein fundamentaler Unterschied, insbesondere würde ich eine generative Grammatik als eine Angelegenheit der *Kompetenz* ansehen, nicht nur als eine Menge strukturierter Einfälle mit einer gewissen Beziehung zur syntagmatischen Achse.

H. P. Wenn wir uns nun Ihre Beziehungen zum amerikanischen Strukturalismus anschauen – ist Sapir in Ihrer wissenschaftlichen ‚Genealogie' gegenwärtig?

N. Ch. Ganz gewiß. Speziell seine emphatische Betonung des wichtigen Themas der psychologischen Realität und sein Begriff der *phonologischen Orthographie* und des *idealen* phonetischen Musters, das sich mittels Regeln auf die ‚phonetische Orthographie' bezieht, leiten direkt zur generativen Phonologie über.

H. P. Harris ist gewiß der amerikanische Strukturalist, der Sie am meisten beeinflußt hat. Worin besteht der Unterschied zwischen seiner und Ihrer Auffassung von der linguistischen *Transformation*?

N. Ch. Der Unterschied liegt im Begriff der ‚generativen Grammatik'. Ansätze für diesen Begriff sind in Harris' *'Methods of Structural Linguistics'*[25] angedeutet, wo sie etwas unsicher zusammen mit methodologischen Annahmen vorkommen, die mit diesen inkonsistent zu sein scheinen. Harris' Transformationstheorie wurde in einem anderen Kontext entwickelt, nämlich als Teil der prozeduralen Textanalyse. Transformationen dienen in diesem Kontext der ‚Normalisierung' von Sätzen, d.h. sie werden in Strukturen überführt, die eine Anwendung der Substitutionsverfahren bei der Textanalyse gestatten. Da Harris' Transformationsbegriff in den fünfziger Jahren entwickelt wurde, verbleibt er als eine Relation zwischen Sätzen und Satzformen und ist nicht eine Prozedur, die einen Teil einer generativen Grammatik bildet. Ich denke, es ist richtig, wenn ich die zugrundeliegende Idee von Harris' Transformationstheorie der fünfziger Jahre wie folgt umreiße: Die Prozeduren aus seinen *'Methods'* werden auf ein Corpus angewendet, das die grammatische Struktur der Sprache vollständig bestimmt. Die abstrakteste Komponente dieser Struktur ist ein System von Formeln, die den Übergang vom Morphem zur Äußerung regeln, ein System, das in gewisser Hinsicht einer Konstituentenstrukturgrammatik zur Analyse vorliegender Sätze ähnlich ist. Auf der Basis von Kookkurrenzbeziehungen zwischen Satzformen, die in Begriffen dieser Formeln gekennzeichnet werden, werden transformationelle Beziehungen zwischen Sätzen bestimmt. Mein eigener Ansatz zur Entwicklung einer Transformationsgrammatik, der sehr viel von Harris entlehnt, ist in einem vollkommen anderen Rahmen zustandegekommen. Als Student von Harris Ende der vierziger Jahre arbeitete ich an einer generativen Grammatik des modernen Hebräischen, die hinsichtlich der analytischen Verfahren von jedem vorliegenden System abrückte. Die morphophonemische Komponente dieser Grammatik bestand aus einem System von Dutzenden geordneter Regeln mit einer Ordnungstiefe von 20–30. Dies habe ich im Detail zu zeigen versucht[26]. Die noch rudimentärere syntaktische Komponente bestand aus einer Konstituentenstrukturgrammatik mit einem komplizierten System von Indices, die durch die Konstituentenstrukturregeln weitergeführt wurden. Als der Begriff ‚Transformation' sich im Rahmen von Harris' Arbeit über Textanalyse zu entwickeln begann – an der ich als sein Student teilnahm –, versuchte ich, ihn in die Theorie der generativen Syntax zu inkorporieren. Und einige Jahre später, als ich vornehmlich über die Syntax des Englischen arbeitete, entwickelte ich das System der Transformationsgrammatik, das in *'Logical Structure of Linguistic Theory'*[27] vorgestellt wurde. In diesem System ist eine Transformation keine Beziehung zwischen Sätzen und Satzformen, und die Konstituentenstrukturgrammatik ist keine Grammatik der Oberflächenstruktur von Sätzen. Um den Gegensatz herauszustellen: In Harris' Theorie ist eine Transformation eine Relation zwischen Satzformen, charakterisiert durch die Morphem-zu-Äußerung-Formeln (morpheme-to-utterance formulas), die eine Art Oberflächenstruktur von vorliegenden Sätzen bestimmen. Innerhalb der generativen Grammatik spezifiziert die Konstituentenstruktur-Komponente ein System von abstrakten Formen, die durch grammatische Transformationen in Oberflächenstrukturen überführt werden. Diese Transformationen übertragen P-Marker (phrase-markers), die im wesentlichen etikettierte Bäume sind, in andere P-Marker. Kein Satz wird allein durch Konstituentenstrukturregeln generiert, es sei denn, daß durch Zufall in einigen Fällen keine obligatorischen Transformationen angewendet werden. Ich sollte noch hinzufügen, daß meine eigene Arbeit über dieses Problem, obwohl sie, wie erwähnt, von derjenigen Harris' abwich, zu jedem Zeitpunkt durch kontinuierliche und ausführliche Diskussion mit ihm beeinflußt wurde. Es ist schlechthin unmöglich, die unzählbaren Beiträge zur Transformationsgrammatik nachzuweisen, die auf seine Vorschläge und Kommentare zurückgehen, obwohl dies gar nicht einmal sein zentrales Interesse war und seine eigene Arbeit doch andere Linien verfolgte.

H. P. Sehen Sie eine Beziehung zwischen Bloomfields Definition der Bedeutung als einer außersprachlichen Einheit und Ihrer eigenen

Vorstellung von Semantik als einer bloß ‚interpretativen' Komponente der Grammatik?

N. Ch. Eigentlich nicht. Bloomfields Auffassung der Bedeutung scheint mir sehr unterschieden zu sein von jeder Auffassung, wie sie innerhalb der generativen Grammatik entwickelt worden ist. In *'Syntactic Structures'* habe ich eine ‚Gebrauchstheorie' der Bedeutung angenommen, weitgehend unter dem Einfluß Wittgensteins und der Oxforder Schule. Spätere Arbeiten von Katz, Fodor, Postal und anderen deuteten auf die Möglichkeit einer Semantiktheorie als einen mehr integralen Bestandteil der Grammatik hin, und ich habe diese Ansicht in *'Aspects'* übernommen. Ich möchte Ihren Gebrauch des Wortes ‚bloß' in Frage stellen, der sich auf die Semantik als ‚interpretative Komponente' der Grammatik bezieht. Dieser Begriff scheint mir ein Mißverständnis hervorzurufen, das in der jüngsten Diskussion um Bedeutung und Form immer wieder auftaucht, worauf ich meinen *'Studies on Semantic in Generative Grammar'*[28] in einiger Ausführlichkeit eingegangen bin. Lassen Sie mich – mit dem Risiko einer zu großen Vereinfachung – die Fragestellung skizzieren, wie ich sie verstehe. Angenommen, wir akzeptieren den Begriff der ‚semantischen Repräsentation' oder der ‚logischen Form', eine Repräsentation der Bedeutung eines Satzes in einem gewissen universalen Repräsentationssystem, analog zu der einer universalen Phonetik. Nehmen wir weiterhin an, daß die semantische Repräsentation per Regel auf die Derivation der Oberflächenstruktur bezogen ist, wobei die Derivation eine Folge von P-Markern ist. Dies gilt soweit für alle Arbeiten auf dem Gebiet der generativen Grammatik in allen Vielfältigkeiten, soweit ich mir ihrer bewußt bin. Nun tauchen verschiedene substantielle Fragen auf, wie die nach der Art der semantischen Repräsentation und nach dem universalen System, auf das sie bezogen ist, ebenso die Frage nach dem Verhältnis dieser Repräsentation zu anderen Aspekten der Satzstruktur. Der in *'Aspects'* entwickelte theoretische Grundansatz, der sich vorwiegend von Katz und Postal, *'An Integrated Theory of Linguistic Descriptions'*[29] und anderen Arbeiten dieser Periode herleitet, postuliert, daß die Tiefenstruktur auf die semantische Repräsentation mittels interpretativer Regeln abgebildet wird. Das wird heute öfters die ‚Standardtheorie' genannt. Dem ganz entsprechend können wir sagen, daß die semantische Repräsentation ‚unabhängig generiert' wird und sich dann durch im wesentlichen gleiche Regeln auf die Tiefenstruktur abbildet, wenn eine unterschiedliche intuitive Interpretation gegeben ist. Es gibt hier keinen Streitpunkt, sondern es handelt sich bloß um eine Frage der Terminologie. Genausogut könnte jemand vorschlagen, 2 sei nicht die Quadratwurzel aus 4 sondern $4 = 2^2$. Katz' *'Semantic Theory'*[30] ist eine neuere Darstellung der ‚Standardtheorie', wie sie hier angedeutet wurde. Meine eigenen späteren Arbeiten, die von vielen Studenten beeinflußt wurden, besonders von Jackendoff[31], führten zu der zuweilen so bezeichneten ‚erweiterten Standardtheorie', bei der semantische Repräsentationen durch eine Abbildung der Tiefenstruktur und der phonetisch interpretierten Oberflächenstruktur bestimmt sind. Wiederum können die gleichen Beziehungen auf verschiedene Weise beschrieben werden, falls jemand das wünscht, ohne daß die enthaltenen empirischen Annahmen modifiziert zu werden brauchten.

Ich habe schon in einiger Ausführlichkeit gesagt, daß die sogenannte ‚generative Semantik', zumindest in ihren deutlicheren Formen, die erweiterte Standardtheorie übernimmt, obgleich sie einige ihrer Beschränkungen abschwächt und eine unterschiedliche Terminologie verwendet. So übernimmt Lakoffs generative Semantik tatsächlich die ‚erweiterte Standardtheorie', stellt aber zur Bedingung, daß Transformationsregeln, die lexikalische Objekte auf ihre Bedeutungsrepräsentationen beziehen, von den grammatischen Transformationen getrennt gehalten werden müssen – d.h. daß es im Sinne der erweiterten Standardtheorie eine Ebene der *Tiefenstruktur* gibt. Er gesteht auch willkürliche Beziehungen zu, sogenannte Derivationsbeschränkungen, zwischen den P-Markern, die eine Derivation konstituieren, und zwischen diesen P-Markern und der semantischen Repräsentation, die den 'Anfangs-P-Marker' einschließt, sowie andere Einheiten, die den Fokus, die Präsupposition usf. repräsentieren.

Wenn man sich diese drei Theorien ansieht, dann stimmen die Standardtheorie und die erweiterte Standardtheorie in der Annahme der Existenz der Tiefenstruktur überein, obwohl Katz gesagt hat, daß hier nichts sehr Tiefgründiges auf dem Spiel steht; sie unterscheiden sich in der Frage, ob es eine *unabhängige Beziehung* zwischen Oberfläche oder sogenannter ‚Oberflächenstruktur' (shallow structure) und semantischer Repräsentation gibt. Die erweiterte Standardtheorie und die generative Semantik stimmen darin überein, daß es eine unabhängige Beziehung zwischen der semantischen Repräsentation und den ‚oberflächlicheren' Strukturen gibt; sie unterscheiden sich darin, daß die generative Semantik weniger restriktiv ist, d.h. einen wesentlich größeren Bereich möglicher Grammatiken erlaubt. Zwei grundsätzliche Fragestellungen tauchen nun auf: Haben die Standardtheorie und die erweiterte Standardtheorie recht, wenn sie eine Tiefenstruktur als ein intermediäres abstraktes System der Repräsentation mit seinen spezifischen formalen Eigenschaften postulieren? Haben die erweiterte Standardtheorie und die generative Semantik recht, wenn sie unabhängige Beziehungen zwischen der semantischen Repräsentation und der ‚Oberflächenstruktur' bzw. der phonetisch interpretierten Oberflächenstruktur postulieren? Eine weitere Frage ist die folgende: Hat die generative Semantik recht, wenn sie die *Bedingungen* für die Derivationen lockert, indem sie nicht nur freie lexikalische Insertion zwischen den Transformationsregeln zuläßt, sondern auch willkürliche ‚Derivationsbeschränkungen' annimmt, wobei diese Regeln in dem Sinne willkürlich sind, daß keine Eingrenzungen für solche Beschränkungen gegeben werden. Aber es gibt keinen Unterschied zwischen diesen Ansätzen und anderen bisher vorgestellten, die sich auf den ‚zentralen' oder ‚peripheren' Charakter der semantischen Repräsentation bezogen haben. Wenn man einmal von nicht ausformulierten Intuitionen und terminologischen Angelegenheiten absieht, dann bin ich nicht davon überzeugt, daß die verschiedenen Ansätze sich mit Blick auf den Charakter der semantischen Repräsentation unterscheiden. Soweit die Theorien klar sind, scheinen sie in dieser Hinsicht gegenseitig übertragbar zu sein.

H. P. Ist Ihnen verständlich, daß Sie zuweilen kritisiert worden sind, Sie hätten eine zu ausgeprägte empiristische Ansicht über sprachliche Fakten?

N. Ch. Ich bemerke, daß diese Aussage gelegentlich gemacht worden ist, jedoch in jedem Fall, soweit mir das bewußt ist, wegen eines gravierenden Mißverständnisses solcher Punkte, wie ich sie hier skizziert habe.

H. P. Generative Transformationsgrammatik ist eine Grammatik des *Satzes.* Ist für eine linguistische Theorie eine explizite Definition des Satzes unabdingbar? Wie könnte sie zur Definition der Äußerung und der Proposition in Beziehung gesetzt werden?

N. Ch. In *'Aspects'* und anderen Formulierungen der Standardtheorie wird vorgeschlagen, daß die generative Grammatik einer

Sprache die systematische Definition des *Satzes* vorsieht. 'Grammatische Sätze' sind solche, die von dieser Grammatik generiert werden. Ich übergehe den Tatbestand der Abweichung und der ‚Halb-Grammatikalität', wie ich ihn in verschiedener Weise seit den frühen fünfziger Jahren entwickelt habe. Der Begriff *‚Äußerung'* gehört natürlich zur Theorie der Performanz. Äußerungen sind die Gegenstände, die das sprachliche Corpus konstituieren, sie sind die ‚primären sprachlichen Daten' für den Spracherlerner. Der Begriff ‚Proposition' könnte innerhalb einer Semantiktheorie gebraucht werden, da er sich auf gewisse satzähnliche Komponenten der semantischen Repräsentation bezieht. Die Eigenschaft der Grammatikalität ist ein theoretischer Begriff innerhalb der generativen Grammatik. Die Eigenschaft der Akzeptierbarkeit ist im Prinzip durch Beobachtung und experimentelle Tests bestimmt.

Akzeptierbarkeit von Äußerungen ist das Resultat des Zusammenspiels einer Anzahl von Faktoren: Grammatikalität und Struktur, wie sie durch die generative Grammatik als Theorie der Kompetenz definiert werden, die Struktur des Gedächtnisses, Perzeptionsstrategien etc.. Obgleich es eine weitere Diskussion zu diesem Problem zu geben scheint, ist sie doch in meinen Augen rein terminologisch und hat zu keinen substantiell verschiedenen Auffassungen geführt. Im übrigen habe ich dieses Problem des längeren in *'Studies'*[32] abgehandelt.

H. P. Ist der Satz als die Einheit des *Diskurses* anzusehen und müssen wir innerhalb des Satzes grammatische Elemente postulieren, die von dem diskursiven Kontext abhängen?

N. Ch. Aktueller Diskurs besteht definitionsgemäß aus Äußerungen, wenn wir die eben vorgeschlagene Terminologie benutzen wollen. Unter der gerade skizzierten umfassenden Theorie können wir einen *idealen* Diskurs betrachten, der aus Sätzen besteht. Dabei abstrahieren wir von den Faktoren, die innerhalb der Performanz mit der Grammatik zusammenwirken. In einem solchen idealen Diskurs werden gewisse Elemente von Sätzen mit Hilfe von Prinzipien interpretiert, die über den Satz hinausgehen, gewisse anaphorische Prozesse sind hierfür die klarsten Beispiele. Natürlich schließt die Interpretation im aktuellen Diskurs Faktoren ein, die über den Diskurs hinausgehen, z.B. vorausgesetztes gemeinsames Wissen, situationeller Kontext usf.. Meiner Meinung nach liegt der Grund, warum einige interpretative Prozesse wie solche, die sich auf gewisse Arten der

Anapher beziehen, sonst gültige Regelbedingungen verletzen, in der Tatsache, daß diese in Wirklichkeit Prozesse sind, die sich auf den Diskurs beziehen – folglich im besonderen auf Sätze und Äußerungen, nicht im strengen Sinne des Wortes auf Sätze.

H. P. Worin besteht das Ziel der linguistischen Theorie: Entdeckung, Beschreibung oder Erklärung? Sehen Sie darauf bezogen einen Unterschied zwischen den Zielen der Sprachtheorie und der Grammatik?

N. Ch. In der in '*Aspects*' und früheren Arbeiten vorgeschlagenen Terminologie erreicht eine Grammatik die Stufe *deskriptiver* Adäquatheit entsprechend dem Ausmaß, wie sie die dort definierte Kompetenz charakterisieren kann. Eine linguistische Theorie erreicht die Stufe *deskriptiver* Adäquatheit, insoweit sie eine deskriptiv adäquate Grammatik für jede zugelassene menschliche Sprache ermöglicht. Eine Theorie erreicht das höhere Ziel der Erklärungsadäquatheit entsprechend dem Ausmaß, wie eine grundsätzliche Basis erstellt werden kann, um für jede Sprache eine deskriptiv adäquate Grammatik auf der Grundlage primärer sprachlicher Daten, wie sie zum Spracherwerb ausreichen, auszuwählen. Diese Theorie ist explanativ in dem ganz eigentlichen Sinne, daß sie eine Erklärung nahelegt für die spezifischen Urteile einer Person, die Wissen über eine Sprachkompetenz auf der Basis primärer sprachlicher Daten erworben hat. Erklärungsadäquatheit in diesem Sinne ist das Ziel der Sprachtheorie, wie ich sie sehe. Das Ziel einer deskriptiven Grammatik besteht darin, deskriptive Adäquatheit in dem oben skizzierten Sinne zu erreichen.

H. P. Was bedeuten für Sie Intuition und Introspektion, wenn Sie wissen, daß die Daten, die durch Intuition ermittelt worden sind, in wissenschaftliche *Generalisierungen* übertragen werden müssen?

N. Ch. Intuitive und introspektive Urteile sind die *primären Daten* für den deskriptiven Grammatiker, also auch für den Linguisten. Er kann nach Bedarf mit der Entwicklung operationeller Tests der einen oder anderen Art fortfahren, um diese Daten schärfer zu fassen, zu charakterisieren oder zu organisieren. Oder er kann zum Aufbau von Grammatiken vorschreiten, die Bestandteile umfassenderer Theorien sind, die eine ausreichende Erklärung für die Urteile zu geben versuchen. Und er kann schließlich eine Sprachtheorie aufbauen, die Erklärungsadäquatheit in dem eben beschriebenen Sinn anstrebt. Nehmen wir an, daß beide Wege beschritten sind, dann würden wir schließlich hoffen, daß die Ergebnisse der empirischen Tests begründet würden durch die Grammatiktheorie und, tiefer noch, durch die explanative Sprachtheorie. Wie auch immer, es muß gesehen werden, daß die Kontrolle durch vorsystematische intuitive und introspektive Urteile nicht umgangen werden kann. Angenommen jemand schlüge vor, daß Sätze ,Äußerungen' seien, die in genau drei Sekunden produziert werden können. Es würde sich um eine triviale Angelegenheit handeln, operationelle Tests für die ,Satzhaftigkeit' in diesem Sinne zu entwickeln und ebenso eine generative Grammatik aufzubauen, die den Ergebnissen dieser Tests genau Rechnung trägt. Die Theorie würde dann in exakter Weise den Daten Rechnung tragen. Das ganze Unternehmen wäre jedoch wertlos, da die verwendeten Begriffe in keiner irgendwie interessierenden Beziehung zu den vorsystematischen intuitiven und introspektiven Urteilen ständen, die die Basis für jede wesentliche Arbeit auf dem Gebiet der Linguistik sind, welche hier nun als Teil der Psychologie anzusehen ist.

H. P. In der neueren linguistischen Literatur wird mehr und mehr die dialektbedingte Variation hervorgehoben. Impliziert dies eine Weiterentwicklung des Begriffs ,*Grammatikalität*'?

N. Ch. Ich sehe hier keine entscheidende Frage. Ich sehe keinen Grund, den Vorschlag in *'Aspects'* zu modifizieren, daß sich die Sprachtheorie mit einer Idealisierung befaßt, insbesondere mit einem idealen Sprecher-Hörer in einer homogenen Sprachgemeinschaft. Natürlich erwirbt in Praxis jeder tatsächliche Sprecher-Hörer seine sprachliche Kompetenz in einer Sprachgemeinschaft, die weit davon entfernt ist, homogen zu sein. Er wird dialektalen und idiolektalen Varianten ausgesetzt sein, und er kann eigene Idiosynkrasien einführen. Er kann verschiedenen Systemen ausgesetzt sein, die so unterschiedlich voneinander sind, daß sie schon verschiedene Sprachen genannt werden könnten. Gleichwohl müssen wir auf die gewöhnliche und richtige Beobachtung achtgeben, daß die Unterscheidung zwischen *Sprache* und *Dialekt,* so wie diese Begriffe normalerweise gebraucht werden, sehr verschiedenartige sozio-politische Faktoren einschließt. Die Charakterisierung der ,Sprache' als eines Dialektes, der über Armee und Marine verfügt, ist gar nicht so weit von der Wahrheit entfernt. Um irgendein signifikantes Verständnis des Zusammenspiels von Sprachtypen und -stilen, Dialekten und Idiolekten zu erlangen, müssen wir, so nehme ich an, in dem eben angedeuteten Rahmen weiterarbeiten. Ich glaube, daß die deskriptive Linguistik in der Praxis dieses allgemeine Prinzip befolgt, möglicherweise ohne es bewußt zu registrieren. Wir können fortfahren, komplexere und kniffligere Begriffe für *Grammatikalität* und *Akzeptierbarkeit* im Hinblick auf wirklich lebendige, nicht-homogene Sprachgemeinschaften zu entwickeln. Ich kann mir aber nicht vorstellen, daß in diesem Zusammenhang irgendein prinzipielles Problem entsteht, noch enthält meines Wissens die Literatur irgendeinen kohärenten Hinweis darauf, daß ein prinzipielles Problem entstehen könnte.

H. P. Können wir uns eine solche Entwicklung der Grammatik vorstellen, daß sie sich nicht nur mit Grammatikalität, sondern auch mit Angemessenheit und Akzeptierbarkeit befaßt?

N. Ch. Wir können uns das nicht nur vorstellen; alle Ansätze zu einer Sprachtheorie, mit denen ich vertraut bin, versuchen, sich sowohl mit Angemessenheit und Akzeptierbarkeit wie mit Grammatikalität zu befassen. Ganz sicher stimmt das für den in *'Aspects'* entwickelten Ansatz. Viele, wahrscheinlich die weitaus meisten grammatischen Arbeiten gehen tatsächlich durch Abstraktion vonstatten, in Übereinstimmung mit den verschiedenen gerade erwähnten Idealisierungen. Dies beruht auf einer zweifachen Annahme: zum einen, die Idealisierungen sind legitim – d.h. es handelt sich um das tiefe und wichtige Problem, die Natur der zugrundeliegenden Kompetenz zu erkennen; zum anderen, ein Verständnis der *Angemessenheit* und *Akzeptierbarkeit* erfordert eine umfassende Theorie, die die Interaktion von Kompetenz-Grammatik und andere Faktoren erforscht. In *'Aspects'* beschäftigt sich die Einleitungsdiskussion mit Akzeptabilitätsannahmen, die durch das Zusammenspiel von Grammatik und gewissen Perzeptionsstrategien erklärt werden können. Einige von diesen sind notwendig für jedes finite, in der Zeit erfolgende prozessuale Vorgehen, einige sind wahrscheinlich spezifisch für Menschen, vielleicht sogar spezifisch für die Sprache. Bever hat vorgeschlagen, daß die Prinzipien der Adjektivreihenfolge, die die relative Akzeptierbarkeit von "little brown jug" und "brown little jug" bestimmen, in Begriffen gewisser Perzeptionsstrategien erklärt werden können, die mit der Grammatik zusammenwirken[33]. Falls seine recht plausiblen Vorschläge richtig sind, dann würde dieses Resultat die Idealisierung in bezug auf die Kompetenz-Grammatik weiter rechtfertigen; denn hiermit wird ein Schritt vorwärts in Richtung einer umfassenden Theorie getan, die für die Untersuchung der Akzeptierbarkeit erforderlich ist. Und so weiter. Meiner Meinung nach sollte sich die Entwicklung des Sprachstudiums an den Linien orientieren, denen sie immer gefolgt ist, wenigstens in ihren klareren Darlegungen, nämlich in Richtung auf die Untersuchung der *langue* als einer Abstraktion und Idealisierung – hier interpretiere ich nun den Saussure'schen Begriff *'langue'* im Rahmen der generativen Grammatik – und in Richtung auf die dazu in Beziehung stehende Untersuchung der *parole* oder Performanz, als ein komplexes Zusammenspiel vieler Faktoren, unter ihnen die Grammatik, die als Theorie der Kompetenz des Sprecher-Hörers verstanden wird.

H. P. Ihre Unterscheidung zwischen formalen und substantiellen Universalien ist gut bekannt. Welche empirischen Resultate sind in den letzten Jahren in diesem Zusammenhang erzielt worden? Kann die Unterscheidung in der ursprünglichen Weise beibehalten werden?

N. Ch. Die Unterscheidung zwischen formalen und substantiellen Universalien wurde in *'Aspects'* als eine nützliche heuristische Unterscheidung vorgeschlagen, und ich glaube, daß sie in dem vorgeschlagenen Sinne gültig ist. Meiner Meinung nach gibt es substantielle Arbeiten, die die Theorien der formalen und substantiellen Universalien entwickeln. Ich möchte für das Gebiet der Phonologie die bei Halle und Chomsky in *'Sound Pattern of English'*[34] entwickelten Vorschläge erwähnen, die sich sowohl auf substantielle als auch formale Universalien beziehen. Auf dem Gebiet der Syntax gibt es interessante Vorschläge von Bach bezüglich substantieller Universalien[35], und Ross[36] und andere haben seit dem Erscheinen der *'Aspects'* bedeutende Arbeit über die Bedingungen von Regeln und anderen formalen Universalien geleistet. Emonds' Theorie der strukturerhaltenden Regeln ist ein weiterer Beitrag in dieser Hinsicht[37]. Auf dem Gebiet der Semantik haben die Arbeiten von Katz, Jackendoff, Fillmore, vieler ‚generativer Semantiker' und anderer meiner Meinung nach auf signifikante Weise zum Verständnis beider Arten von Universalien beigetragen. Ich habe in den Artikeln in *'Studies'*[38] einige der seit *'Aspects'* erschienenen, mir wichtig erscheinenden Arbeiten kritisch besprochen, und die anderen hier zitierten gehören zu den vielen bedeutenden Arbeiten, die substantielle Beiträge zu diesem Thema liefern. Ich sehe keinen Grund, die Unterscheidung in der Form, in der sie vorgestellt worden ist, in Frage zu stellen. Obwohl viele meiner Kollegen darüber unterschiedlich denken, und ich respektiere natürlich ihre Ansichten, geht mein Gefühl doch dahin, daß es einen ermutigenden Fortschritt in Richtung einer umfassenden und gut fundierten Sprachtheorie gibt, die anfängt, die Ebene der Erklärungsadäquatheit in wichtigen Belangen zu erreichen, indem sie explizite Vorschläge für formale und substantielle Universalien inkorporiert. Und ich glaube auch, daß die Arbeit an speziellen Sprachen – Englisch insbesondere – in Richtung auf das Ziel einer deskriptiven Adäquatheit vorwärtsschreitet. Ich meine, daß in der laufenden Diskussion eine Tendenz besteht, terminologische und begriffliche Streitfragen mißzuinterpretieren, so als ob sie *substantielle* Nichtübereinstimmung widerspiegelten. Und es gibt ebenfalls die Tendenz, durch die Masse der ungelösten Probleme überwältigt zu werden. Viele sind der Ansicht, daß die Errungenschaften neuerer Arbeiten in erster Linie negativer Art seien, indem sie die Inadäquatheit früherer, zu stark vereinfachender Vorschläge nachweisen. Ich stimme diesem Urteil nicht zu, da es für mich so aussieht, daß es einen definitiven Fortschritt gegeben hat und daß es, in der Neuformulierung und Korrektur früherer Arbeiten durch gegenwärtige Beiträge, Anzeichen einer potentiellen ‚Konvergenz' gibt.

H. P. Kompetenz ist definiert worden als das zugrundeliegende Sprachwissen eines muttersprachlichen (native) Sprechers. Wie kann dieses Wissen mit dem Wissen des Grammatikers identifiziert werden, oder muß die Beziehung mehr als *Schlußfolgerung* denn als Identität aufgefaßt werden?

N. Ch. Ich kann lediglich die in *'Aspects'* entwickelte Position wiederholen, die mir richtig zu sein scheint. In der Art, in der der Begriff ‚Grammatik' gebraucht wird, steckt eine systematische Ambiguität. Wir reden von der Grammatik als einem System von Regeln und Prinzipien, die vom Hörer-Sprecher internalisiert sind; in diesem Sinne konstituiert die Grammatik seine Kompetenz. Dabei wird die Frage offengelassen, wie dieses abstrakte System realisiert wird. In einem anderen Sinne beziehen wir uns auf das System von Regeln und Prinzipien, das vom Linguisten als Grammatik aufgebaut wird. Die Grammatik ist dann eine Theorie der Grammatik des Sprecher-Hörers, nämlich seiner Kompetenz. Solange wir uns über unseren Gebrauch der Terminologie klar sind, sehe ich hierin kein Problem. Wir gehen natürlich fehl in der Annahme, daß die Kompetenz des Sprecher-Hörers die fundamentalen Eigenschaften hat, die in unserer Theorie ausgedrückt sind. Aber dies ist lediglich ein Spezialfall der Unterdeterminierung der Theorie durch Evidenz, und das ist geradezu eine definierende Charakteristik empirischer Wissenschaft. Ganz ähnlich kann der Psychologe, obgleich er nichts über die Physiologie visueller Wahrnehmungen weiß, weiterhin dahingehend ‚spekulieren', daß das Sehzentrum ein System von Vorrichtungen bereithält, das vorgelegte Figuren in Begriffen, wie ‚Linie', ‚Dreieck', ‚Bewegung' usf. analysiert. In *'Cartesian Linguistics'* und an anderer Stelle habe ich einige sehr interessante Spekulationen der rationalen Psychologie, die sich auf dieses Thema bezieht, kritisch besprochen. Der erwähnte Psychologe könnte eine Theorie solcher Vorrichtungen umreißen, und er würde, falls er seine Arbeit ernst nimmt, die empirische Hypothese vorschlagen, daß solche Vorrichtungen tatsächlich das vom Organismus benutzte System konstituieren. Die von ihm vorgeschlagene Theorie würde analog der Grammatik in der einen Bedeutung sein; das System der Vorrichtungen, die er dem Organismus zuweist, mit den Eigenschaften, die in seiner Theorie explizit gemacht worden sind, würde analog einer Grammatik in der zweiten Bedeutung sein. Der Neurophysiologe könnte dann zeigen, ob der Organismus ein System der postulierten Art tatsächlich benutzt, um so die Theorien des Psychologen zu bestätigen oder nicht zu bestätigen. Ganz ähnlich könnten weitere Beobachtung oder Introspektion nützliche empirische Daten bereitstellen. Offensichtlich werden alle Theorien durch Evidenz unterdeterminiert, eine Tatsache, die eine Reihe von Philosophen, die jüngst über dieses Thema geschrieben haben, aus mir unverständlichen Gründen zu verwirren scheint.

H. P. Ist eine *Theorie* der Performanz, wie sie in in *'Aspects'* vorgeschlagen wurde, nicht ein begrifflicher Widerspruch?

N. Ch. Ich sehe darin kein Problem. Wenn ich gerne wissen möchte, warum z.B. Menschen Schwierigkeiten haben beim Verstehen, beim Wiederholen oder beim Behalten von Sätzen mit gewissen Arten von Einbettung, dann kann ich mich daran machen, eine Theorie der Performanz aufzubauen, die dem Organismus folgendes zusprechen wird: sprachliche Kompetenz – so wie sie in einer generativen Grammatik ausgedrückt ist –, gewisse Performanzstrategien (z.B. die Eigenschaft, unfähig zu sein, eine spezifische analytische Routine anzuwenden, z.B. das Verfahren der Analyse eines Relativsatzes), gewisse generelle Eigenschaften eines jeden finiten, zeitlichen Prozeßsystems (z.B. solche Eigenschaften, aus denen folgt, daß Selbsteinbettung schließlich die Kapazität eines jeden solchen Systems überschreitet, während willkürliche Links- und Rechtsverzweigungen und das Wechselspiel beider, das nicht zur Selbsteinbettung führt, im Prinzip beherrscht werden können). Ich kann dann versuchen, die beobachteten Tatsachen der Performanz in Begriffen dieser Theorie zu erklären. Dies ist der in *'Aspects'* [39] vorgeschlagene Ansatz. Er scheint für mich keinen Widerspruch in sich selbst zu enthalten. Die vorgeschlagene umfassende Theorie wäre, in einem wohlverstandenen Sinne, eine Theorie der Performanz, die eine Theorie der Kompetenz als wesentlichen Teil einschließt. Dieser Ansatz scheint mir nicht nur frei von jedem inneren Widerspruch zu sein – was wichtiger ist, ich kenne keine kohärente Alternative. Man kann in der neueren Literatur eine Anzahl von Hinweisen finden, die vorschlagen, die Performanz-Kompetenz-Unterscheidung abzulösen, da hierbei gewisse logische Probleme auftreten von der Art, wie sie in Ihrer Frage zum Ausdruck kam, usf.. Ich müßte jedoch ein kohärentes Argument oder eine Alternative erkennen, die mehr leistet, als lediglich die Terminologie zu revidieren. Einige Beispiele werden in *'Studies'*[40] besprochen und in der erweiterten Auflage von *'Language and Mind'*[41]. Ähnliche Bemerkungen könnten auch auf die oft gemachten vagen Vorschläge Anwendung finden, daß die Erfordernisse der Kommunikation irgendwie die Form der Grammatik bedingen. Ich muß noch einen kohärenten Vorschlag sehen, der sich im Prinzip oder auch nur im Detail von dem unterscheidet, was ich selbst bezüglich dieses Themas vorgeschlagen habe. Und deshalb kann ich diese vagen Bemerkungen nicht, wie es intendiert war, als Kritik an meinem Ansatz verstehen. Ich sehe auch keine ernsthafte Anstrengung, eine Antwort auf die Frage zu finden, die ich und andere wiederholt gestellt haben: nämlich wie man die spezifischen Eigenschaften einer Grammatik aus den Bedingungen der Kommunikation deduzieren könne[42]. Solange die Vertreter der ‚Kommunikationstheorie' diese Probleme und ihren eigenen Ansatz nicht ernst nehmen, sehe ich keinen Weg, weiterhin zu antworten auf etwas, das sie als Vorstellungen in ihren Köpfen haben mögen. Aber ich möchte deutlich machen, daß ich persönlich natürlich jedes Ergebnis begrüßen würde, das zeigt, wie die Eigenschaften einer Sprache behilflich sein können, Kommunikation, freies Denken und freien Ausdruck oder andere Anwendungen der Sprache zu fördern; ich selbst habe genauso wie andere eine Reihe von Möglichkeiten vorgeschlagen.

H. P. Können Sie das folgende Zitat von Searle[43] kommentieren: „Das Wissen einer Person um die Bedeutung von Sätzen besteht zum großen Teil aus seinem Wissen, wie *Sätze gebraucht* werden, um Aussagen zu machen, Fragen zu stellen..., in seiner Fähigkeit, Sprechakte *durchzuführen*"?

N. Ch. Ich habe keine Einwände gegen Searles Bemerkung, obwohl die Schlußfolgerungen, die er daraus zieht, eine andere Sache sind. Um konkret zu werden, nehmen Sie den Satz "drinks will be served at 5". Die Bedeutung dieses Satzes, mit einer erläuternden Betonung, ist derart, daß ein Sprecher ihn benutzen kann, um eine Vielzahl von Sprechakten durchzuführen: Er kann benutzt werden als Behauptung, als Versprechen, als Voraussage, als Warnung, als Drohung, als Angebot und zweifellos noch zu manchem anderen. Ich kann nicht erkennen, wie der Satz als Frage gebraucht werden kann, obwohl man vielleicht mit ein wenig Einbildungskraft auch solchen potentiellen Gebrauch konstruieren könnte. Entsprechend kann "will you leave the room? " mit ansteigender Betonung als Befehl oder als Frage benutzt werden, aber nicht als Voraussage. Die Sätze "I'll wash the dishes" oder "I promise to wash the dishes" können als Versprechen benutzt werden, ebenso wie der Satz "I promise to return your book" – das sind natürlich verschiedene Versprechen entsprechend der verschiedenen Satzbedeutung. Ich kann keinen Grund sehen, warum eine allgemeine Theorie semantischer Repräsentationen nicht so erweitert werden könnte, daß sie eine Theorie der Sprechakte enthält, die mit den Sätzen ausgeführt werden könne, die diese semantischen Repräsentationen haben. Das ist ein vernünftiges Programm, das auf viele Arten realisiert werden kann. Auf der anderen Seite scheint mir der Anspruch, daß man die Bedeutung auf die Intentionen (oder semantischen Intentionen) des Sprechers *reduzieren* könne, gänzlich unbegründet zu sein, und es tauchen dabei, soweit ich das sehe, prinzipielle, nicht-lösbare Schwierigkeiten auf. Falls Searle etwas anderes vorschlägt – etwas anderes als das, was ich aus dem von Ihnen zitierten Artikel entnehme –, erwarte ich Evidenzen dafür. Bezüglich meiner Ansicht, die Sprechakt-Theorie sei in gewissem Sinne eine Alternative zu oder inkompatibel mit einer Semantiktheorie etwa im Sinne von Katz, den er offensichtlich meint, ohne ihn zu erwähnen, kann ich nicht erkennen, daß er oder irgendein anderer irgendeinen Grund für den Glauben gegeben hat, dies sei der Fall. Jedoch möchte ich dieses Problem hier nicht weiter verfolgen, da es mich von der Frage, so wie sie gestellt ist, wegführen würde.

H. P. Gehören die Konnotationen und die Intentionen des Sprechers zu der ‚grammatischen' Bedeutung? Kann Grammatik auf die performative Analyse und auf die Konstruktion von Konversations-Postulaten ausgedehnt werden?

N. Ch. Wir wollen noch einmal konkret werden. Wenn ich sage, "drinks will be served at 5", beabsichtige ich vermutlich, daß Sie denken, Getränke werden um fünf serviert, und nicht, daß es morgen einen Schneesturm geben wird. In dieser Hinsicht sind die Intentionen des Sprechers gänzlich auf die grammatische Bedeutung bezogen. Vielleicht beabsichtige ich auch, wenn ich diese Behauptung mache, daß der Hörer, ein unheilbarer Alkoholiker, unfähig wird, um fünf Uhr irgendeine alternative Handlung auszuführen. Mit anderen Worten, man kann annehmen, daß meine Behauptung in diesem Sinne als ein feindlicher Akt intendiert war. Diese Intention ist kein konstituierender Bestandteil der Bedeutung, obwohl natürlich eine Theorie der Bedeutung, die in eine weitere Theorie der menschlichen Handlung eingebettet ist, zu der Schlußfolgerung beitragen könnte, daß der in Frage stehende Satz benutzt werden kann, um einen feindlichen Akt der erwähnten Art auszuführen. Ich sehe im Prinzip kein Problem, eine Grammatik in eine Theorie zu inkorporieren, die ihrerseits Intentionen *der ersten Art* und ebenso ein gut Teil dessen, was öfters ‚performative Analyse' genannt wird, einschließt. Ich glaube allerdings nicht, daß diese Analyse in ernstzunehmender Weise durchführbar ist, falls man zugrundeliegende Strukturen wie "I assert to you that (warn you that, promise you that, etc.) drinks will be served at 5" für den Satz "drinks will be served at 5" annimmt. Überdies scheinen mir die syntaktischen Argumente, die für solche Vorschläge angeführt werden, extrem schwach zu sein. Die semantische Theorie sollte vielmehr zum Ergebnis haben, daß die semantische Repräsentation oder die logische Form dieses Satzes für gewisse Akte verfügbar ist, für andere nicht. Was Intentionen der zweiten Art angehen, sehe ich im Prinzip kein Problem darin, eine allgemeine Theorie des menschlichen Handelns zu entwickeln, in der die Grammatik enthalten ist, die sich mit der Tatsache beschäftigt, daß "drinks will be served at 5" dafür benutzt werden kann, um einen gewissen Typ eines feindlichen Aktes auszuführen. Aber ich würde nur widerstrebend den Begriff ‚Grammatik' so weit ausdehnen, daß er eine solche Theorie umfaßt, und das aus einleuchtenden Gründen. Was die *Konversationspostulate* angeht – Maximen in Grices Sinn[44] –, so scheinen mir diese einen bedeutsamen Beitrag zur Theorie einer erfolgreichen Kommunikation darzustellen. Ich begrüße das wegen des Interesses, das darin zum Ausdruck kommt, und weil der Ansatz eine weitere Bestätigung für die Idealisierung gibt, die der Entwicklung der Theorie der generativen Grammatik zugrundeliegt, und zwar in einem größeren Ausmaß als Bevers

Vorschlag in Bezug auf die Adjektivreihenfolge[45], der, wie bereits erwähnt, eine derartige Bestätigung liefert. Wenn wir Bevers Theorie annehmen, brauchen wir nicht über die Tatsache besorgt zu sein, daß der Apparat einer generativen Grammatik keinen *natürlichen* Weg zur Beschreibung der Reihenfolge von Adjektiven liefert. Dieser ‚Mangel' ist in Wirklichkeit ein Argument zugunsten der postulierten Prozeduren, nämlich wenn die umfassendere Theorie, die die generative Grammatik des augenblicklichen Standes einschließt – mit ihrer Unfähigkeit, diese Reihenfolge in natürlicher Weise zu erklären –, und zugleich die von Bever postulierte Perzeptionsstrategie gegeben sind, die zwar in ganz unterschiedlichen Begriffen formuliert sind, jedoch natürlich von grammatischen Prozeduren Gebrauch machen. Ganz ähnlich können Sie den Vorschlag auffassen, daß eine bestimmte Konversations-Maxime uns veranlaßt, der Konjunktion in solchen Standardbeispielen wie "Mary got married and had a baby" im Vergleich mit "Mary had a baby and got married" eine zeitliche Interpretation zuzuweisen. Wenn man eine umfassende Performanztheorie zugrundelegt, die sowohl die Maxime wie die generative Grammatik einschließt, dann sehen wir, daß es für die generative Grammatik kein Problem ist, daß sie keinen natürlichen Weg, oder jedenfalls keinen ohne beträchtliche Komplexität liefert, um die allgemeine zeitliche Interpretation der Konjunktion auszudrücken. Dieser Punkt ist in *'Aspects'* unter dem Thema der ‚ikonischen Ordnung'[46] berücksichtigt. Ich glaube, daß er dort richtig behandelt ist.

H. P. Logische Semantik ist hauptsächlich extensionalistisch. Sehen auch Sie als Grammatiker die Referenzfunktion der Sprache als die wichtigste an?

N. Ch. Ich kann dem nicht zustimmen, daß logische Semantik hauptsächlich extensionalistisch sei. Gewiß nicht richtig ist das z.B. in Bezug auf Katz' Semantiktheorie. Natürlich muß eine allgemeine Semantik genauso wie eine allgemeine Performanztheorie die Referenzfunktion berücksichtigen, ebenso müssen auch die inneren Zusammenhänge zwischen Prädikaten – z.B. die Beziehungen zwischen "persuade" und "intend", zwischen "uncle" und "male" usf.–, die Unterscheidung zwischen Synonymie und logischer Äquivalenz und viele andere Dinge berücksichtigt werden. Ich kann nicht sagen, welches dieser Probleme das wichtigste ist.

H. P. Die Unterschiede in der Verwendung des Begriffs ‚Präsupposition' in der Linguistik sind recht verwirrend. Können Sie beschreiben, was Sie unter dem Begriff ‚Präsupposition' verstehen?

N. Ch. Dieser Begriff wird in einer Vielzahl mehr oder weniger verwandter Spielarten benutzt. In der einen Bedeutung spricht man von der Präsupposition eines *Satzes,* und zwar innerhalb einer Semantiktheorie, als dasjenige, was wahr sein muß, damit der Satz einen Wahrheitswert hat. Für diesen allgemeinen Begriff können verschiedene Formulierungen angegeben werden. In einer zweiten Bedeutung spricht man von den Präsuppositionen eines *Sprechers* als dasjenige, von dem der Sprecher intendiert, daß der Hörer es als wahr annimmt, wenn der Sprecher eine Äußerung auf eine der zugelassenen Arten gebraucht. Diese zweite Bedeutung schließt nun tatsächlich eine Vielzahl von Vorstellungen ein. Eine gewisse Klärung und Standardisierung des Sprachgebrauchs wäre schon recht nützlich, wie das auch andere Leute angemerkt haben. Ich habe in *'Studies'*[47] etwas aus dem Stegreif vorgeschlagen, daß es möglicherweise gewisse sprachliche Korrelate entsprechend den verschiedenen Verwendungen gibt. Meiner Meinung nach gibt es auch noch viele offene Fragen darüber, wie sich ‚Präsupposition', in den verschiedensten Bedeutungen, auf die Performanz- und Kompetenztheorien bezieht.

H. P. Sie haben die generative Semantik als eine Begriffsvariante der Standardtheorie bezeichnet und Ihre Hauptkritik an ihr beruht darauf, daß die generative Semantik zu stark sei. Welche neuen Elemente sind denkbar, um eine neue Definition der Beziehung von Syntax und Semantik zu rechtfertigen?

N. Ch. Streng genommen habe ich die generative Semantik nicht als Variante der Standardtheorie bezeichnet. Vielmehr habe ich aufgezeigt, daß alle mehr oder weniger klaren Versionen der generativen Semantik, die gelegentlich 1965 in Vorlesungen diskutiert worden sind, in großem Ausmaß begriffliche Varianten der *erweiterten* Standardtheorie sind, wenngleich es einige wichtige Erneuerungen gibt, insbesondere zwei: Die generative Semantik hat die Forderung abgeschwächt, daß lexikalische und nicht-lexikalische Transformationen ‚getrennt' werden durch eine Strukturebene mit den Eigenschaften der Tiefenstruktur; und die generative Semantik läßt willkürliche Regeln zu, Derivationsbeschränkungen, die die P-Marker einer Derivation zueinander in Beziehung setzen – spätere Arbeiten erlauben sogar Beziehungen zwischen Derivationen – und die die P-Marker einer Derivation zu anderen Aspekten der semantischen Repräsentation in Beziehung setzen, so wie Fokus und Präsupposition. Ferner sind einige der spezifischen Anwendungen von Derivationsbeschränkungen, z.B. bezüglich der Quantoren, ähnlich, wenn nicht identisch mit gewissen Regeln, die für die Interpretation von Oberflächenstruktur vorgeschlagen sind. Soweit ich sehen kann, schwächt die generative Semantik einige der Bedingungen der erweiterten Standardtheorie ab. Um Postals Begriff zu gebrauchen: Als Ergebnis stellt sich eine ‚homogenere' Theorie dar, so wie jede Theorie, die spezifische detaillierte Annahmen über die Form, Funktion und Organisation von Regeln zurückweist und die nur verlangt, daß es Regeln einer allgemeinen Form gibt, eine homogenere Theorie ist. Nehmen wir einmal an, die Sprachtheorie wäre von den Bedingungen befreit, die phonologische und transformationelle Regeln voneinander unterscheiden, und es wäre lediglich verlangt, daß es ‚Regeln' gibt. Diese Theorie wäre noch homogener in dem Sinne, in dem Postal und Lakoffs Vorschläge in Bezug auf Filter und Derivationsbeschränkungen[48] eine homogenere Theorie anbieten. Ich glaube, daß die Hauptpunkte dieser Diskussion ernstlich mißverstanden worden sind. Vielleicht kann ich sie klären, wenn ich auf den jüngst von Stanley Peters[49] herausgegebenen Band verweise, der drei dieser Themen behandelnde Abhandlungen von Postal, Peters und mir enthält – die letztere erschien auch, ohne so viel Druckfehler, in meinen *'Studies on Semantics in Generative Grammar'.* Postal argumentiert dahingehend, daß die homogenere Theorie, die er vorschlägt, eine ‚bessere Theorie' sei, und zwar aus dem Grund, daß sie weniger Prozeduren enthalte, einfacher sei usf.. Meine Argumentation zielt darauf ab, daß sie eine ‚schlechtere' Theorie ist, da sie in geringerem Maße *‚falsifizierbar'* ist und einen weitaus größeren Bereich an Grammatiken zu läßt als die betrachteten Alternativen. Peters geht aus den gleichen Gründen noch weiter, wenn er eine extreme Version einer ‚nicht-homogenen' Theorie vorschlägt. Wenn wir das eigentliche Problem aussondern, dann ist es ganz einfach zu sehen, warum Peters und ich bezüglich der ‚besten Theorie' zu der gleichen Schlußfolgerung kommen und Postal zu einer diametral entgegengesetzten. Eine Diskussion um eine bessere oder schlechtere Theorie kann auf den methodologischen Grundlagen, die Postal vorschlägt, nur dann geführt werden, wenn die zu behandelnden Probleme bzw. die relevanten empirischen Punkte genau fixiert sind. Postals Schlußfolgerung könnte korrekt sein, wenn wir lediglich mit *deskriptiver Adäquatheit* befaßt wären. In diesem Fall würden wir natürlich die einfachste Theorie vorziehen, die die Bedingung für die deskriptive Adäquatheit für eine Theorie erfüllt. Falls wir aber auch mit *Erklärungsadäquatheit* befaßt sind – also mit dem, was Peters das ‚Projektionsproblem' nennt bzw. das Problem der Selektion einer Grammatik auf der Grundlage gegebener Daten –, dann ist die Angelegenheit beträchtlich komplexer. Wenn zwei Theorien, T und T', gegeben sind, dann werden wir uns nicht nur allein mit deren Einfachheit oder Homogeneität, sondern auch mit deren *Restriktivität* befassen. Wenn T und T' beide die Bedingung der deskriptiven Adäquatheit erfüllen, T aber nur eine echte Teilmenge derjenigen Grammatiken zuläßt, die durch T' erlaubt sind, dann können wir sehr wohl T gegenüber T' vorziehen, auch wenn T' komplexer und weniger homogen ist. Postal hält es für selbstverständlich, daß wir in diesem Falle T' gegenüber T vorziehen würden, aber diese Schlußfolgerung ist gänzlich falsch, falls unser Interesse auf Erklärungsadäquatheit abzielt.

Postal verwirrt das Problem durch die von ihm zur Illustration angeführten Beispiele. So argumentiert er, und zwar richtig, daß die Theorie der Konstituentenstrukturgrammatik (phrase structure grammar = PSG) aus methodologischen Gründen der Transformationsgrammatik (TG) vorzuziehen war, so daß die PSG nur aus empirischen Gründen zurückgewiesen werden konnte, wie es tatsächlich geschah. Allein, das Beispiel ist irrelevant für die Diskussion, denn die PSG ist sowohl einfacher, d.h. homogener, wie auch *restriktiver,* d.h. beschränkter im Bereich der zugelassenen Grammatiken, als die TG. Deshalb erhellt die Illustration nicht das Problem, nämlich die Wahl zwischen den Theorien T und T', wobei T einfacher und *weniger restriktiv* ist als T'. Um ein Beispiel hierzu zu nehmen: Sei T eine Theorie, die lediglich aussagt, daß es Regeln für Phonologie und Syntax gibt; und sei T' die vertraute Theorie, die diese Regeln aufgrund ihrer ganz unterschiedlichen Eigenschaften unterscheidet und die verlangt, daß sie in der Grammatik in irgendeiner Weise getrennt und nicht frei untereinander vermischt sind. Dann ist T einfacher als T', aber weit weniger restriktiv. T läßt einen breiten Spielraum möglicher Grammatiken zu, die von T' zurückgewiesen werden. T ist weniger falsifizierbar und eliminiert eventuell jede Möglichkeit der Erklärung oder Lösung des Projektionsproblems. Nehmen wir an, daß T' die Bedingung der deskriptiven Adäquatheit erfüllt, dann würden wir T' sicher bevorzugen gegenüber der einfacheren, homogeneren und weniger falsifizierbaren Theorie T und zwar allein aus methodologischen Gründen. Dieses Beispiel, nicht das irrelevante

Beispiel von PSG und TG, ist analog zu dem zur Diskussion stehenden Fall. Postals homogene Theorie H ist, wie er sagt, einfacher als die (erweiterte) Standardtheorie (E)ST. Sie ist auch weniger restriktiv und weniger falsifizierbar und deshalb in geringerem Maße geeignet, das Projektionsproblem und alle Fragen, die sich in Bezug auf die Erklärungsadäquatheit stellen, zu behandeln. Wenn wir uns lediglich mit der deskriptiven Adäquatheit befassen, werden wir H wählen; soll die Behandlung aber ausgedehnt werden auf Fragen der Erklärung und Lösung des Projektionsproblems, dann werden wir (E)ST bevorzugen, vorausgesetzt, sie erfüllt die Bedingung der deskriptiven Adäquatheit. Aus methodologischen Gründen könnte dann Peters' extremes Beispiel einer nicht-homogenen Theorie bevorzugt werden, wenn sie deskriptiv adäquat ist, was vielleicht der Fall ist.

Wie zu erwarten war, gibt es bestimmte Gesichtspunkte, unter denen die weniger homogenen und stärker restriktiven Theorien wie (E)ST Erklärungsadäquatheit erreichen, so daß die Theorie H als weniger wünschenswert ausscheidet. Einige dieser Gesichtspunkte sind in meiner eben zitierten Abhandlung erwähnt. So gestattet das Postulat einer *Tiefenstruktur* die Formulierung einer lexikalistischen Hypothese in bezug auf Nominale verschiedener Arten, und diese liefert eine Erklärung für die Verbindung von Eigenschaften, die sich im Rahmen der weniger falsifizierbaren und weniger restriktiven Theorie H lediglich zufällig ergibt. Wie ich erwähnt habe, sind diese einzelnen Eigenschaften gewiß auch in weniger restriktiven Theorien beschreibbar – dies ist eine Beobachtung, die irrelevanterweise von vielen Leuten wiederholt worden ist, die das zur Diskussion stehende Problem mißverstanden haben. Aber jede andere Anordnung dieser Eigenschaften würde innerhalb dieser weniger restriktiven Theorien gleich gut beschrieben werden, obgleich diese Alternativen inkonsistent sind mit der engeren Theorie. Natürlich kann es sein, daß es aus *empirischen Gründen* nötig ist, die tauglichen Theorien zurückzuweisen und die schlechteste Theorie, Postals H, anzunehmen. Angenommen, wir würden eine Sprache entdecken mit Regeln, die phonologische Segmente gemäß bestimmter Konstituentenstruktureigenschaften permutieren – z.B. eine Regel, die den Schlußbuchstaben des Subjekt-NP eines Satzes an den Anfang des Satzes rückt, etwa "the boy is here" in "y the bo is here" verändert. Sei weiter angenommen, daß diese Regeln frei unter anderen vermischt sind. Dann würden diese Beobachtungen uns, wenn auch widerstrebend, dazu bringen, die Unterscheidung zwischen syntaktischen und phonologischen Regeln aufzugeben und die einfachere, homogenere, weniger falsifizierbare Theorie anzunehmen, die lediglich die

Existenz von Regeln (Derivationsbeschränkungen) fordert. Diese neue Theorie würde im Sinne Postals die ‚beste' sein und zugleich die ‚schlechteste' – wenngleich wir bedauerlicherweise keine bessere aufstellen können – im Sinne unserer Forderung nach Erklärungsadäquatheit und Lösung des Projektionsproblems. Postal nimmt für sich in Anspruch, daß es derartige Erwägungen tatsächlich gibt, die die Ablösung der stärker restriktiven Theorien, welche die Existenz einer Tiefenstruktur postulieren, erfordern. Ich stimme dem nicht zu aus Gründen, die ich im Detail in der zitierten Abhandlung ausgeführt habe. Die Fragestellungen sind eindeutig *empirisch;* eine rationale Debatte ist möglich und willkommen. Jedoch ist in Postals Darstellung die methodologische Fragestellung durcheinandergebracht.

H. P. Worin besteht in diesem Zusammenhang die Bedeutung des Problems der lexikalischen Einfügung?

N. Ch. Folgende Bemerkungen werden vielleicht das Problem der Wichtigkeit der lexikalischen Einfügung etwas klären. Die (erweiterte) Standardtheorie postuliert, daß alle lexikalischen Einfügungsoperationen auf der Ebene der Tiefenstruktur durchgeführt werden und daß alle Transformationen anderer Art beschränkt sind auf die Abbildung von Tiefen- auf Oberflächenstrukturen. Die generative Semantik hat diese Forderung abgeschwächt, indem sie zugelassen hat, daß das Äquivalent für lexikalische Einfügung – z.B. Regeln, die ein lexikalisches Formativ auf eine etwas ausgearbeitetere Struktur beziehen, die die Bedeutung repräsentiert oder zumindest einen Teil der Bedeutung – selbständig neben anderen transformationellen Operationen angewendet werden kann. Dies ist eines der verschiedenen Probleme, die in der empirischen Frage eingeschlossen sind, ob *Tiefenstrukturen* im Sinne der (erweiterten) Standardtheorie existieren. Was die Beziehung zwischen Syntax und Semantik angeht, so ist mein Standpunkt immer agnostizistisch gewesen und bleibt es auch. Die Begriffe scheinen mir zu unklar zu sein, als daß sie eine ausreichende Antwort auf die Frage gestatten, wie und ob syntaktische und semantische Regeln unterschieden werden können. Mein Standpunkt, wie er schon in der Antwort auf Ihre Frage angedeutet worden ist, bei der es um Searles Behauptung über meine Auffassung von der angeborenen Sprachlernfähigkeit [50] ging, besteht darin – und ich habe das schon häufiger gesagt –, daß jeder Versuch, die Grenze zwischen diesen Bereichen genau abzustecken, nur sehr tentativ sein kann und daß wir vielleicht entdecken werden, daß der Versuch fehlgeschlagen ist. Die Frage kann nur durch weitere Untersuchungen dieser Systeme und ihrer Wechselbeziehungen entschieden werden. Ich möchte hinzufügen, daß jene Kommentatoren, die mir die Ansicht zugeschrieben haben, Syntax und Semantik müßten im Prinzip scharf getrennt werden, oder jene, die noch weitergehen und behaupten, ich hätte empfohlen, die Probleme der Bedeutung beiseite zu stellen, schlicht in Unkenntnis dessen sind, was ich zu diesem Thema geschrieben habe oder, was wahrscheinlicher ist, die oben erwähnten technischen Diskussionen falsch interpretiert haben

H. P. Was ist es, das die generative Semantik zu stark macht? Ist es der Gebrauch von transderivationalen Beschränkungen und der von globalen Regeln?

N. Ch. Um es zu wiederholen, meiner Auffassung nach ist die generative Semantik in jeder der Hinsichten zu stark, in der sie sich von der erweiterten Standardtheorie entfernt, nämlich indem sie die Bedingungen für die Existenz einer Tiefenstruktur aufweicht in der Annahme, daß es willkürliche Regeln gibt (Derivationsbeschränkungen), und in der weiteren Annahme, daß es transderivationale Beschränkungen gibt. Natürlich muß meine Behauptung durch *empirische* Argumente und Untersuchungen, die sie beweisen, unterstützt werden. Ich will hier nicht weiter in das Problem eindringen, lediglich meine Meinung ausdrücken, daß die bereits vorliegende Literatur adäquate Argumente liefert, obschon viele Ungewißheiten bleiben.

H. P. Natürliche Sprachen müssen in Begriffen der ‚natürlichen Logik' analysiert werden. Die logische Form natürlicher Sprachen ist sehr spezifisch – Begriffe sind verschwommene Begriffe und Wahrheit ist immer eine relative Angelegenheit. Gibt es irgendeine Hoffnung für eine solche natürliche Logik?

N. Ch. Daß Begriffe vage sind, ist ein Gemeinplatz, d.h. es gibt kein scharfes Kriterium, das kahle und nicht-kahle Leute voneinander unterscheidet. Es tut mir leid, aber ich sehe nicht die Wichtigkeit dieser Beobachtung für die Semantiktheorie. Sofern sie sich mit der Analyse von Begriffen befaßt, wird sie die zwischen diesen Begriffen bestehenden Relationen spezifizieren. Wenn diese zum Teil unbestimmt sind, wird die Semantiktheorie dieses Faktum so genau wie möglich auszudrücken versuchen – die Vagheit von Begriffen impliziert keine Ungenauigkeit in der Analyse dieser Begriffe. Es könnte argumentiert werden, wie das Hilary Putman vorgeschlagen hat, daß Begriffe, die sich auf ‚natürliche Arten' beziehen (z.B. "tiger", "lemon" etc.), nicht in Ausdrücken des Systems semantischer Merkmale analysiert werden sollten, sondern in Ausdrücken von ‚Stereotypen' und Variationsbereichen. Ob das nun richtig ist oder nicht, dies ist gewiß ein einsehbarer Vorschlag, und er kann im Detail ausgearbeitet werden. Es könnte sich der Fall ergeben, daß z.B. die Beziehung zwischen "persuade" und "intend" oder "believe" oder die Beziehung zwischen "uncle" und "male" innerhalb eines Systems semantischer Merkmale und Regeln genau ausgedrückt werden können; wohingegen die Begriffe "lemon" und "tiger" auf eine andere Weise charakterisiert werden sollten, nämlich in Ausdrücken von Stereotyp und Variation. Ähnliche Fragen können an vielen Punkten der Semantik gestellt werden. Alle diese Probleme erfordern sowohl begriffliche Klärung als auch empirische Untersuchungen. Soweit ich das sagen kann, gibt es hierbei keine Probleme prinzipieller Art, die zwischen der Standardtheorie, der erweiterten Standardtheorie, der generativen Semantik und anderen mehr oder weniger klaren Varianten der generativen Grammatik, welche vorgeschlagen worden sind, unterscheiden könnten.

H. P. Kann die Sprach*form* unabhängig von der Sprach*funktion* analysiert werden? Bestehen Sie darauf, daß es keinen Hauptzweck der Sprache bzw. daß es keine Verbindung zwischen ihrem Zweck und ihrer Struktur gibt?

N. Ch. Sprache kann benutzt werden, um zu kommunizieren, um Gedanken auszudrücken, um Gedanken zu klären, um irrezuführen, um persönliche Beziehungen mit geringem oder gar keinem Bezug auf die Kommunikation zu erhalten, um das aufrichtig zu sagen, was man glaubt, ohne Rücksicht darauf, was die Zuhörerschaft (falls es eine gibt) in Bezug auf die Meinungen des Sprechers glauben mag, usw.. Ich kenne keinen kohärenten Vorschlag mit dem Ziel, die eine oder einige dieser Anwendungen als ‚Hauptzweck' herauszustellen. Es ist auffallend, daß Kommunikationstheoretiker sich nicht festlegen, ob z.B. ‚Kommunikation mit sich selbst' oder ‚Kommunikation ohne Zuhörerschaft' (oder, enger, ohne Bezug auf die Zuhörerschaft) als Formen der *Kommunikation* anzusetzen seien. Sie würden aber ohne Zweifel Malinowskis ‚phatische

Kommunikation' als eine Form der Kommunikation neben vielen anderen identifizierbaren Varianten des Sprachgebrauchs einbeziehen. Wenn sie gezwungen sind, die Kommunikation ohne Zuhörerschaft zu analysieren, führen sie meines Wissens beständig irgendeinen Begriff ein, der der *Satzbedeutung* äquivalent ist. Kurz, ich bezweifle, daß sie überhaupt irgendeine Position einnehmen, wenn ihre Standpunkte präzisiert worden sind. Konsequenterweise weise ich ihre Position nicht zurück. Schauen Sie sich folgende Frage an: Können wir die besonderen Charakteristiken der Sprache in Ausdrücken der Kommunkationsanforderungen beschreiben? Es scheint mir, daß die Antwort im allgemeinen negativ ausfällt, obwohl wir, wenn wir gewisse formale Eigenschaften der Sprache identifiziert haben, ohne Zweifel ihre kommunikative Funktion untersuchen können – aber das ist offensichtlich eine andere Angelegenheit. Ich habe diesen Sachverhalt besprochen[51], und ich sehe keine mögliche Antwort auf die sofort entstehenden Fragen. Solche Eigentümlichkeiten wie die Strukturabhängigkeit der Transformationsregeln, die transformationellen und phonologischen Zyklen, die Bedingungen für die Struktur, Organisation und Funktion von Regeln verschiedener Art, sind für mich schlechterdings nicht aus der kommunikativen Funktion der Sprache ableitbar. Für mich würde Sprache als Kommunikationssystem eines beliebigen Organismus in keiner Hinsicht weniger effizient sein, falls es z.B. möglich wäre, im Englischen Fragen mittels einer strukturunabhängigen Regel zu formulieren, aufgrund derer das am meisten links stehende Hilfsverb mit der ihm vorangehenden Kette vertauscht wird. Die transformationell-generative Grammatik weist hingegen in jeder bekannten Variante eine solche Regel als unformulierbar zurück, aber diese Eigentümlichkeit der Sprache (falls dies eine ist, wie ich glaube) ist nicht aus Überlegungen zur kommunikativen Wirksamkeit ableitbar. Sprache läßt viele Formen der Ambiguität zu; man kann sich aber leicht alternative Systeme vorstellen, die diese Formen ausschließen. Noch einmal, ich sehe keine Hoffnung, diese Tatsachen auf der Grundlage kommunikativer Wirksamkeit erklären zu können. Soweit ich weiß, gilt das überall, wohin man auch schaut. Aus diesem Grund glaube ich, zu der Schlußfolgerung kommen zu müssen, daß alle Vorstellungen, die kommunikative Funktion müsse oder könne irgendwie dafür benutzt werden, Eigenschaften der Sprache zu bestimmen, ohne jede Substanz sind.

Lassen Sie mich diese leeren Vorstellungen von anderen unterscheiden, die in der Tat substantiell sind. Man könnte z.B. dahingehend argumentieren, daß die Gedächtnisorganisation bei dem speziellen Organismus *homo sapiens* dergestalt ist, daß die Transformationsgrammatik ein System ist, das mit den Bedingungen kommunikativer Effizienz übereinstimmt. George Miller und ich haben vor etwa 10 Jahren ein derartiges spekulatives Argument entwickelt[52]. Oder man könnte vorschlagen, wie ich es in einer Abhandlung mit dem Titel *Conditions on Transformations*[53] getan habe, daß Oberflächenfilter und irgendwelche Konditionen zu Regeln sich auf kommunikative Wirksamkeit beziehen und zum Teil vielleicht in diesen Begriffen explizierbar sind. T. G. Bever hat in diesem Zusammenhang eine Reihe interessanter Vorschläge gemacht[54]. Jerry Fodor hat vorgeschlagen, daß eine sorgfältige Untersuchung der Perzeptionsstrategien die generative Grammatik zum Teil, wenn nicht ganz, ersetzen könne. Alle diese und verwandte Vorschläge haben einige Plausibilität und sind sicher untersuchenswert. Im Gegensatz dazu sehe ich keine Substanz in den Vorschlägen Searles, die er in dem von Ihnen zitierten Artikel gemacht hat[55], und anderer in Bezug auf die angeblich wechselseitige Durchdringung der Untersuchungen der Form und der Funktion. Wir können nur irgendeinem substantiellen Vorschlag entgegensehen. Falls einer kommt, muß er sicherlich beurteilt werden.

Ich würde vorschlagen, daß Ihre Frage noch einmal gestellt wird. Wie Sie sie gestellt haben, schien vorausgesetzt zu sein, daß die Sprach*funktion* in irgendeiner Weise etwas zur Untersuchung der *Form* beisteuern würde, und Sie fragen, ob es möglich sei, Sprachform unabhängig von dieser Verbindung zu untersuchen. Analog dazu war es vor einigen Jahren üblich zu fragen, ob die Phonologie unabhängig von der Bedeutung (Synonymie) erforscht werden könne. Die Frage war schlecht gestellt, weil nicht gezeigt werden konnte – und meines Wissens kann es nicht gezeigt werden –, daß Überlegungen zur Synonymie in irgendeiner kohärenten Weise für die Erforschung der Phonologie benutzt werden können. Ganz ähnlich kann man nicht die Frage stellen, ob die Form unabhängig von der Funktion analysiert werden kann, solange nicht gezeigt worden ist, daß die Untersuchung der Sprachfunktion irgendetwas zur Erforschung der Sprachform beitragen kann.

H. P. Sie unterstreichen immer die *Ausdrucks*funktion der Sprache – Sprache ist Ausdruck des Gedankens. Ist die Ausdrucksfunktion ohne Bezug zur *kommunikativen* Funktion oder ihr gar entgegengesetzt?

N. Ch. Falls wir ‚Kommunikation' in einem vernünftigen engen Sinn verstehen, dann würde ich lediglich das Offensichtliche sagen: nämlich daß Kommunikation eine der Funktionen von Sprache ist. Beim Kommunizieren drücken wir unsere Gedanken in der Hoffnung aus, daß der Zuhörer versteht, was wir sagen. Wir können hoffen, ihn zu überzeugen, ihn zu informieren, daß wir dies und jenes glauben, usw.. Die Funktion der Sprache, Gedanken auszudrücken, ist ihrer kommunikativen Funktion nicht ‚entgegengesetzt', sondern durch den Sprachgebrauch für den speziellen Zweck der Kommunikation vorausgesetzt. Ich denke, daß dies Gemeinplätze sind. Was kein Gemeinplatz ist, ist die häufig gemachte Behauptung, daß Kommunikation – und zwar in irgendeinem Sinne ausreichend eingeschränkt, so daß die Behauptung nicht bloß tautologisch ist – eine *zentrale* Funktion der Sprache ausmacht und daß die Begriffe der Semantiktheorie auf Überlegungen zur Sprecher-Intention reduziert werden könnten. Dies ist nicht nur kein Gemeinplatz, sondern, soweit ich das sehe, völlig *falsch.* Searle und andere haben nahegelegt, daß es eine common-sense-Ansicht sei, daß der Zweck der Sprache Kommunikation ist und daß es paradox und widerspenstig von mir sei, diese common-sense-Ansicht zu leugnen. Soweit ich das ausmachen kann, zielt der Vorschlag Searles ins Leere, jedenfalls so wie er ihn macht, und wird falsch oder wenigstens unsubstantiell, wenn er in irgendeine klare Form gebracht wird. Ich kann im 'common sense' nichts erkennen, das naheläge, jemand, der Jahre beim Schreiben eines Buches verbringt, ohne sich besonders darum zu kümmern, ob irgendjemand es lesen oder verstehen wird, gebrauche nicht Sprache auf irgendeine normale Art. Ich nehme an, daß ein Vertreter der Kommunikationstheorie dem nicht zustimmen würde, aber falls das so ist, sehe ich dennoch keinen Grund, seine Schlußfolgerung zu akzeptieren.

H. P. Ist die Beziehung zwischen Sprache und Kultur von derselben Art wie die zwischen Sprache und Denken? Müssen wir nicht eine soziale oder soziologische Metatheorie annehmen, um gute Linguistik zu machen? Ich will in diesem Zusammenhang erwähnen, daß von zwei verschiedenen Seiten aus (Habermas und Hymes) der Begriff ‚kommunikative Kompetenz' vorgeschlagen worden ist.

N. Ch. Soweit ich das sehe, besteht zwischen Sprache und Kultur nicht die gleiche Beziehung wie zwischen Sprache und Denken. Sprache ist ein Mittel, um Gedanken auszudrücken, obwohl ich sie auch für andere Zwecke verwenden kann, und ich zweifle nicht daran, auf der Grundlage von Introspektion, daß ich ohne Sprache denken kann. Was auch immer die Beziehung von Sprache und Kultur sein mag, sie ist ganz anders. Ich glaube, daß sehr gute Linguistik gemacht worden ist und immer noch gemacht wird ohne jede soziale oder soziologische Metatheorie. Aus diesem Grund kann ich nicht beipflichten, daß wir eine soziale oder soziologische Metatheorie annehmen müssen, um gute Linguistik zu machen, glücklicherweise. Jedoch kann ich mir keinen Einwand gegen das Vorhaben vorstellen, Sprache in ihrem sozialen und kulturellen Kontext zu studieren, oder gegen das Vorhaben, eine Theorie der ‚kommunikativen Kompetenz' zu entwickeln, falls eine solche ausgeführt werden kann. Ich erkläre ganz freimütig, daß ich nichts zu diesem Vorhaben beitragen kann, aber daraus kann man nicht folgern, daß ich das nicht mit großem Interesse betrachten würde.

H. P. Die von Morris getroffene Unterscheidung von Syntax, Semantik und Pragmatik ist gut bekannt. Wie kann man das Gebiet der Linguistik im Hinblick auf diese Unterscheidung definieren? Wie kann ein Begriff der sprachlichen *Kontextualität* korrekt definiert werden?

N. Ch. Ich glaube nicht, daß ich in dieser Hinsicht irgendetwas Wichtiges zu sagen habe, was über die tentativen, bereits zitierten Bemerkungen in *'Aspects'* und andere ähnlich uniformative hinausgeht.

H. P. Um dieses Gespräch abzuschließen, noch eine Frage zur Beziehung von Philosophie und Linguistik. Stimmen Sie der Aussage Hymes'[56] zu, daß Sie in Ihrer früheren Periode Philosophie auf Linguistik und in Ihrer späteren Periode Linguistik auf Philosophie angewendet haben?

N. Ch. Ich fürchte, daß ich die am wenigsten geeignete Person bin, diese Frage zu beantworten. Ich verstehe den Ansatzpunkt dessen, was Hymes gesagt hat und halte dies für eine akzeptable Interpretation meines publizierten Werkes. Jedoch sehe ich das selbst aus einem etwas anderen Gesichtspunkt, der aber nicht notwendigerweise der richtige sein muß – es gibt keine Garantie dafür, daß man selbst der genaueste Zeuge seiner intellektuellen Entwicklung ist. Ich habe mich immer eben so sehr für Sprachphilosophie und Philosophie des

Geistes interessiert wie für Linguistik. Meine Vorstellungen zu all diesen Themen sind kontinuierlich entstanden auf der Grundlage meiner eigenen Arbeit und der Arbeit anderer, und ich vermute, daß sich dies in der gleichen Art fortsetzen wird. Als graduierter Student interessierte ich mich für Philosophie und Linguistik. Allgemein glaubte ich in den fünfziger Jahren, daß das, was ich tat, eigentlich überhaupt keine Linguistik sei, ein Gefühl, das ich mit Herausgebern linguistischer Zeitschriften, Verlagslektoren, Vorsitzenden linguistischer Fachbereiche und vielen anderen professionellen Linguisten teilte. Ich habe den Behaviorismus immer für einen intellektuellen Skandal gehalten und habe geglaubt, daß empiristische Theorien, die als psychologische interpretiert werden, ziemlich zweifelhaft wären. In dieser Hinsicht gab es viele Jahre lang eine Spannung in meinem eigenen Denken. Ich war fest davon überzeugt, daß die konstruktivistischen Ansätze von Harris, Goodman und anderen, die mich äußerst beeinflußt haben, auf fundamentale Weise richtig seien, und ich habe ein gut Stück Arbeit geleistet, um das zu beweisen. Zur gleichen Zeit, seit ich undergraduate war, verfolgte meine eigene linguistische Arbeit gänzlich andere Linien, und ich verschaffte mir in zunehmendem Maße Klarheit, hauptsächlich durch den insistierenden Ansporn von Morris Halle. Ich schlage versuchsweise vor, daß sich meine Vorstellungen und Meinungen zur Struktur der Sprache und meine Haltung gegenüber der Philosophie, die ich studierte und über die ich nachdachte, mehr oder weniger parallel entwickelt haben. Die Probleme, Beziehungen und Unstimmigkeiten usf. wurden für mich mit fortschreitender Zeit schrittweise klarer. Wenn man auf das schaut, was ich tatsächlich veröffentlicht habe, dann stellt das vermutlich nur eine schmale Basis für diese Annahme dar.

H. P. Könnte der Grammatiker Chomsky, vielleicht ziemlich metaphysisch, sagen, daß die generative Transformationsgrammatik die Einzigartigkeit des Menschen bewiesen hat und noch beweist?

N. Ch. Ich würde gern eine positive Antwort auf diese Frage geben, aber ich kann es nicht. Die in der Tradition aufbewahrte These, daß Menschen einzigartige Geistesqualitäten haben und daß die Eigentümlichkeiten der Sprache dies widerspiegeln, scheint plausibel zu sein. Die Arbeiten zur generativen Grammatik gestatten meiner Meinung nach eine etwas schärfere Formulierung dieses traditionellen Gesichtspunktes. Ich beweise jedoch nicht ihre Wahrheit. Nach meiner eigenen Vermutung – oder ich sollte besser sagen: Hoffnung –

wird sich dieser traditionelle Gesichtspunkt als richtig erweisen, unter Verwendung einiger moderner Formulierungen, die von gewissen metaphysischen und empirischen Annahmen Abschied nehmen, die meiner Meinung nach die Tradition in die Irre geführt haben. Weitere Untersuchungen zu konstruktiven Leistungen des normalen menschlichen Intellekts und anderer Organismen mögen signifikante Qualitätsunterschiede aufdecken – wahrscheinlich mehr Unterschiede im Typ der Intelligenz als einfach einen höheren Grad an Intelligenz. Diese Untersuchungen könnten bei der Präzisierung dieses vagen Begriffs erfolgreich sein. Es könnte sich auch als wahr erweisen, worüber häufig spekuliert worden ist, daß eine allgemeine Theorie des menschlichen Geistes eine *Sprachfähigkeit* postulieren wird mit besonderen Eigenschaften, die zum Teil einzigartig für ihn sind und die mit anderen Fähigkeiten zusammenwirken. Unter Druck würde ich zu der Spekulation neigen, daß etwas dieser Art wahr ist. Von einem Beweis zu sprechen, hieße jedoch die Grenzen unseres gegenwärtigen Verständnisses mißzuverstehen.

Massachusetts Institute of Technology
Cambridge, Mass., USA
3. November 1972

Anmerkungen

I. Noam Chomsky: Thesen zur Theorie der generativen Grammatik

Kapitel 1

1 Siehe insbesondere Chomsky (1964: 31, 105–107), wo die Einwände aus C. A. Fergusons Besprechung von Halle (1959) behandelt werden, und Chomsky und Halle (1965), wo Einwände behandelt werden, die F. W. Householder jr. (1965) erhoben hat.
2 Z. B. Katz und P. Postal (1964), Chomsky (1964; 1965)
3 Eine Erörterung näherer Einzelheiten findet sich in Chomsky (1964: §1; 1965: Kap. 1, §8; 1966)
4 Um nur ein Beispiel anzuführen, sei A. Reichling (1961) genannt, der behauptet, daß mir offensichtlich nicht nachgesagt werden könnte, ich ‚sympathisierte mit solch einem „mentalistischen Monstrum" wie der „inneren Sprachform" '. Jedoch ist die Arbeit, die er erörtert, ganz ausdrücklich und bewußt mentalistisch (im traditionellen, nicht dem Bloomfieldschen Sinn des Wortes – das heißt, sie ist ein Versuch, eine Theorie mentaler Prozesse zu konstruieren), und sie kann darüberhinaus völlig zutreffend als ein Versuch beschrieben werden, den Humboldtschen Begriff der ‚Sprachform' und seine Konsequenzen für die kognitive Psychologie weiter zu entwickeln, wie gewiß für jeden offensichtlich sein wird, der sowohl mit Humboldt als auch mit der neueren Forschung zur generativen Grammatik vertraut ist. (Eine explizite Erörterung findet sich in den oben zitierten Werken.)

Ich werde Reichlings Kritik der generativen Grammatik hier nicht in Betracht ziehen. Die zitierte Bemerkung ist nur eine Illustration seines Unverständnisses der Ziele, Anliegen und speziellen Inhalte der Arbeit, die er erörterte, und seine Diskussion beruht auf einer so groben Verdrehung dieser Arbeit, daß ein Kommentar kaum erforderlich ist.
5 Zur Erörterung dieses Punktes siehe G. A. Miller und Chomsky (1963) und Chomsky (1965: Kap. 1, §2).
6 Wenn wir in diesem Rahmen arbeiten, nehmen wir also an, daß ein semantisch mehrdeutiges Element zwei verschiedene lexikalische Eintragungen konstituiert; zwei syntaktische Beschreibungen mögen sich daher allein darin unterscheiden, daß sie verschiedene Elemente eines Paares homonymer Morpheme enthalten.
7 Vielleicht können wir diesen Punkt durch Beispiele der letzteren Art klären. Es ist beispielsweise völlig berechtigt, Semantik isoliert von Phonologie oder Phonologie isoliert von Semantik zu untersuchen, da es gegenwärtig den Anschein hat, daß es keine nicht-triviale Beziehung zwischen den Systemen der phonologischen und der semantischen Interpretation gibt, und keine signifikante Weise, in der semantische Überlegungen irgendeine Rolle innerhalb der Phonologie oder phonologische Überlegungen innerhalb der Semantik spielen. Gleichermaßen scheint es völlig berechtigt, eine Theorie der syntaktischen Struktur ohne Grundbegriffe eigentlich semantischer Art zu entwickeln, da es gegenwärtig keinen Grund zu der Annahme gibt, daß a priori semantische Begriffe bei der

Festlegung der Organisation der syntaktischen Komponente der Grammatik eine Rolle spielen. Andererseits wäre es absurd, Semantik (und ebenso absurd, wie mir scheint, Phonologie) isoliert von Syntax zu untersuchen, da die semantische Interpretation eines Satzes (wie die phonetische Interpretation) wesentlich von seiner Tiefen- (bzw. Oberflächen-) Struktur abhängt. Und es wäre absurd, eine allgemeine syntaktische Theorie zu entwickeln, ohne semantischen Überlegungen eine absolut entscheidende Rolle einzuräumen, da die Notwendigkeit, semantische Interpretationen zu fundieren, eines der vorrangigsten Erfordernisse ist, dem die Strukturen, die die syntaktische Komponente generiert, zu entsprechen haben. Eine Erörterung dieser Punkte findet sich in Chomsky (1957; 1964), Lees (1957), Katz und Postal (1964) und in vielen anderen Arbeiten.

Man hat diese Fragen in der modernen Linguistik viel zuwenig beachtet. Das Ergebnis ist, daß in dieser Beziehung einige Verwirrung herrscht und viele dogmatische Behauptungen geäußert und oft genug wiederholt worden sind, ohne daß der Versuch gemacht wurde, sie durch ernsthafte Argumente zu rechtfertigen oder zu stützen. Diese Probleme sind wichtig; obwohl keine dieser Fragen mit Sicherheit beantwortet werden kann, kann die Position, die der Linguist versuchsweise annimmt, einen wichtigen Einfluß auf den Charakter seiner Arbeit ausüben.

8 Dafür gibt es einen sehr einfachen Grund. Die Wahl einer deskriptiv adäquaten Grammatik für die Sprache L ist durch die Daten aus L immer (das heißt, für den Linguisten) sehr unterdeterminiert. Weitere relevante Daten können aus der Untersuchung deskriptiv adäquater Grammatiken anderer Sprachen hinzugezogen werden, aber nur wenn der Linguist eine explanative Theorie der skizzierten Art besitzt. Eine empirische Abstützung kann eine derartige Theorie erfahren, indem sie mit Erfolg deskriptiv adäquate Grammatiken für andere Sprachen bereitstellt. Darüberhinaus legt sie im vorhinein die Form der Grammatik von L fest, sowie die Bewertungsprozedur, die aufgrund der gegebenen Daten zur Auswahl dieser Grammatik führt. Auf diese Weise erlaubt sie es Daten aus anderen Sprachen, eine Rolle bei der Rechtfertigung der gewählten Grammatik als einer empirischen Hypothese über die Sprecher von L zu spielen. Dieser Ansatz ist sehr natürlich. Wenn er ihm folgt, kommt der Linguist zu einem Schluß über die Sprecher von L auf der Grundlage einer unabhängig gestützten Annahme über das Wesen der Sprache im allgemeinen – das heißt, einer Annahme über die allgemeine 'faculté de langage', die den Spracherwerb ermöglicht. Die allgemeine explanative Sprachtheorie und die spezielle Theorie einer besonderen Sprache, die sich aus der Anwendung der allgemeinen Theorie auf Daten ergibt, haben jede einen psychologischen Gehalt, die erstere als eine Hypothese über die angeborene mentale Struktur, die letztere als eine Hypothese über die unbewußte, dem Sprecher selbstverständliche Kompetenz, die entsteht, indem er entsprechende Erfahrungen ausgesetzt ist.

Kapitel 2

1 Reichling (1961); E. M. Uhlenbeck (1963). Ich werde mich auf die letztere Arbeit konzentrieren, da Reichlings Bemerkungen, wie oben festgestellt wurde, auf einer Darstellung der ‚generativen Grammatik' beruhen, die zu keiner der wirklichen Untersuchungen über generative Grammatik eine erkennbare Beziehung besitzt. Uhlenbeck versichert jedoch, daß ihre Ansichten über die Natur

syntaktischer Beschreibung im wesentlichen die gleichen sind, so daß unsere Argumentation durch die weitgehende Einschränkung der Erörterung auf diesen Aufsatz möglicherweise nicht beeinträchtigt wird.

2 Beispiele solcher Regeln werden nicht gegeben. Bei seiner Erörterung linguistischer Regeln beschränkt sich Uhlenbeck auf Regeln über morphologische Prozesse (z.B. Pluralbildung). Er gibt keine Beispiele rekursiver Regeln und berührt also gar nicht das Hauptproblem der Syntax, nämlich das oben angesprochene Problem der Kreativität. Es bleibt uns daher überlassen zu erraten, welcher Art das Regelsystem ist, das er sich vorstellt. Daß er überhaupt das Problem der Kreativität irgendwie behandeln könnte, scheint angesichts seiner Auffassung, daß der Linguist nur ‚Regularitäten ... die in der Rede beobachtet werden' zu betrachten habe und sich auf ‚die Menge von Gewohnheiten aufgrund derer ... (natürliche Sprecher) ... wissen, wie sie beim Sprechen vorzugehen haben' beschränken müsse, zweifelhaft. Es gibt aber keinen Grund anzunehmen, daß syntaktische Regeln, abgesehen von den einfachsten Fällen, ‚beobachtbare Regularitäten der Rede' repräsentieren; und wenige Aspekte der normalen Bildung und des Gebrauchs von Sätzen scheinen ‚Gewohnheiten' in irgendeinem einigermaßen wohldefinierten Sinn des Begriffs einzuschließen. Man kann folglich kaum erwarten, daß die Untersuchung beobachtbarer Regularitäten und Gewohnheiten viel mit syntaktischer Theorie oder syntaktischer Beschreibung oder mit dem nicht-stereotypen Gebrauch von Sprache zu tun hat.

3 Uhlenbeck irrt sich übrigens, wenn er annimmt, daß in der Transformationsgrammatik (12i) entweder von der Phrase 'shoot the hunters' oder der Phrase 'the hunters shoot' abgeleitet würde und daß hierin die vorgeschlagene Erklärung der Ambiguität bestünde. Sätze werden niemals von Kernsätzen abgeleitet, wie er behauptet, sondern vielmehr von den abstrakten Strukturen, die Kernsätzen (und allen anderen) zugrunde liegen. Der Unterschied ist fundamental. Es wird nicht behauptet, daß der Hörer (12i) zunächst in einen der beiden anderen Ausdrücke umwandelt und daß (12i) in dieser Form verstanden wird, sondern vielmehr daß (12i) in Hinblick auf eines von zwei abstrakten zugrundeliegenden Systemen grammatischer Relationen analysiert wird, von denen eines eben auch 'the hunters shoot' und das andere 'shoot the hunters' zugrundeliegt. Das heißt, in einem Fall wird die Phrase (12i) so interpretiert, daß für *hunters-shoot* die Subjekt – Verb Relation gilt, im anderen Fall die Objekt – Verb Relation. Man könnte sich dafür entscheiden, ‚Linguistik' so zu definieren, daß diese Beobachtung nicht in ihren Bereich fällt, aber es fällt mir schwer zu glauben, daß Uhlenbeck beabsichtigt, die Tatsachen zu leugnen, die in dieser Form in einer Transformationsgrammatik dargestellt werden (aber natürlich nicht in der Oberflächenstruktur im technischen Sinn, der diesen Terminus gegeben worden ist).

4 Seine Beispiele verdienen jedoch eine weitere Erörterung. Uhlenbeck unterscheidet sich von der Tradition, indem er ‚Subjekt – Verb – Objekt' Konstruktionen als (Subjekt – Verb) (Objekt) analysiert – so erhält beispielsweise 'John hit Bill' (John schlug Bill) die unmittelbare Konstituenten Analyse 'John hit – Bill'. Für diese Analyse, die allen bekannten syntaktischen, phonologischen und semantischen Erwägungen, die für derartige Beispiele relevant sind, zuwiderläuft, werden keine Begründungen gegeben. Siehe dazu Lunt (1964), Chomsky (1965) und Katz und Postal (1964).

Uhlenbeck scheint zu glauben, daß sein und Reichlings Ansatz weder in die Grenzen des „amerikanischen Deskriptivismus" noch „des traditionellen, mehr oder weniger vorsintflutlichen Ansatzes der Sprachbeschreibung" fällt

(Uhlenbeck, 5). Daß ihr Ansatz mit der traditionellen Linguistik wenig gemein hat, ist ganz deutlich, da er systematisch die traditionellen Hauptprobleme von Tiefenstruktur, semantischer Interpretation und Kreativität umgeht. Aber wieso er glaubt, daß er den Beschränkungen des amerikanischen Deskriptivismus entrinnt, ist keineswegs offensichtlich. Es gibt keinen Aspekt seiner hier beschriebenen Ansichten, der nicht streng in den Begriffen der Varianten der taxonomischen Linguistik formulierbar wäre, die von den amerikanischen Deskriptivisten entwickelt wurden; und weder zeigt er, noch deutet er an, in welcher Hinsicht seine Ansichten von diesen Formulierungen abweichen.

5 Ein Teil der Verwirrung in dieser Frage rührt vielleicht von der Unterlassung her, 'meaning' im Sinne von ‚sprachlicher Bedeutung' von 'meaning' ungefähr im Sinne von ‚Intention' zu unterscheiden. Im ersteren Sinne können wir sagen, daß die Bedeutung von (4) oder (12ii) ungefähr die eben grob beschriebene ist; im letzteren Sinne können wir fragen, was jemand damit meinte oder uns bedeuten wollte, wenn er (4) oder (12ii) äußerte oder indem er die Tür zuschlug, die Einladung ablehnte, oder mit irgendeiner anderen Handlung.

6 Und in den ‚situativen Kontexten', in denen Rede vorkommt. Ich werde nicht versuchen, dieses Thema zu behandeln. Dixon hat über den Situationskontext nicht mehr zu sagen als irgendjemand anders; das heißt, er hat nichts Substantielles zu sagen. Ich bringe nur ein konkretes Beispiel der Bezugnahme auf den Situationskontext, nämlich S. 101, wo ‚Britische Kultur' als „die weitere Situation" bezeichnet wird, in der „die lexikalischen Einheiten *milk* und *white* eine hohe situative Korrelation aufweisen (einer der verschiedenen Faktoren, die dies beweisen, ist die ziemlich hohe Wahrscheinlichkeit ihrer gegenseitigen Kollokation)". Bevor ich dies gelesen hatte, war mir die hohe Wahrscheinlichkeit der Phrase 'white milk' (weiße Milch) im normalen Britischen Englisch unbekannt. Andererseits steht die hohe ‚situative Korrelation' zwischen Weiße und Milch (wenn auch nicht zwischen *white* und *milk*) außer Zweifel. Es ist jedoch unklar, in welchem Sinn ‚Britische Kultur' als eine ‚Situation' zu betrachten ist. Vielleicht reicht die Anführung dieses Beispiels aus, um anzudeuten, warum ich diese Seite von Dixons Vorschlag nicht weiter diskutiere.

7 Was auch immer das sein mag. Dixon führt aus (1963: 64), daß Theorien der generativen Grammatik „nichts unserer (d.h. seiner und Hallidays) Lexik Entsprechendes" besitzen. Aber alles, was er über Lexik sagt, ist, daß sie irgendwie mit der Wahrscheinlichkeit von Phrasen zu tun hat oder mit der Wahrscheinlichkeit, mit der eine Einheit in einem bestimmten Kontext auftritt. Weitere Bestimmungen dieses Begriffs werden nicht gegeben. Diese ‚Theorie der Lexik' ist zur Diskussion zu vage, und es ist aus unten angeführten Gründen unwahrscheinlich, daß sie auf irgendeine Art geklärt werden kann, die für die Linguistik irgendeine Bedeutung hat.

Verwirrung bereitet die Tatsache, daß Dixon die häufig geäußerte, aber ganz unvorstellbare Ansicht akzeptiert, daß die Relation der Synonymität (oder des Grades der Synonymität) zwischen zwei Ausdrücken besteht, falls (oder in dem Maße wie) sie die gleiche Vorkommenswahrscheinlichkeit in bestimmten Kontexten besitzen (Dixon (1963: 43f)). Wörtlich genommen heißt das, daß in dem Kontext ‚Mein Gott, das Kind ist gerade die ______ heruntergefallen' die beiden Ausdrücke ‚Treppe' und ‚Folge von Stufen zum Übergang von einer Ebene zur anderen' die gleiche Vorkommenswahrscheinlichkeit haben (nach Websters Wörterbuch). Vielleicht ist etwas anderes gemeint, aber es ist nicht leicht, eine kohärente Interpretation dessen, was behauptet wird, zu erdenken.

8 Diese Binsenwahrheit scheint nicht allgemein erkannt zu sein. Es ist aber offensichtlich, daß für eine Grammatik nichts zu beschreiben bleibt als ‚Regularitäten in einem Korpus', wenn man keine Unterscheidungen der Grammatikalität annimmt. Da niemand je gezeigt hat, daß überhaupt etwas über ‚Regularitäten in einem Korpus' ausgesagt werden kann (auf der syntaktischen Ebene wenigstens), können wir diese Möglichkeit ausscheiden und auch feststellen, daß jeder, der sich eine Aufzeichnung wirklicher Rede angesehen hat, abgeneigt sein wird, diese rein ‚naturalistische' Untersuchung zu betreiben. In jedem Falle beruhen alle grammatischen Beschreibungen auf einer vorausgesetzten Abgrenzung grammatischer und ungrammatischer Sätze, gleichviel welche Terminologie sie verwenden. A. A. Hill beispielsweise stützt sich bei jedem Schritt seiner eigenen deskriptiven Arbeit auf diese Unterscheidung, obwohl er sie für ein spezifisches und kontroverses Merkmal der generativen Grammatik hält (vgl. Hill (1961)), zum Beispiel wenn er feststellt, daß der Ausdruck *all the ten pretty young American children's twenty little old china dolls* (all der zehn hübschen jungen amerikanischen Kinder zwanzig kleine alte Chinapuppen) „die theoretische Grenze der Komplexität erreicht" (Hill (1958)). In der gesamten deskriptiven Syntax wird eine solche Unterscheidung gleichermaßen vorausgesetzt. Es trifft zu, daß diese Unterscheidung wichtiger wird, wenn man an eine explizite Formulierung der grammatischen Regeln geht, das heißt, wenn man an die Konstruktion einer generativen Grammatik geht. Das besagt nur, daß empirische Unterlagen für die Wahrheit oder Falschheit von Hypothesen, die Konsequenzen haben, relevanter sind als für die ‚Richtigkeit' einer Menge von Beispielen, die keine Konsequenzen haben.

Im selben Zusammenhang ist es wichtig, sich über die Relevanz von operationalen Tests oder Verhaltenstests für die grammatisch–nicht-grammatisch Unterscheidung (oder Skala, oder Mengen von Skalen) im klaren zu sein. Bestimmte experimentelle Prozeduren sind vorgeschlagen worden (vgl. z.B. G. A. Miller und S. Isard, (1963)), die einen brauchbaren Begriff zu definieren scheinen, der sich recht genau auf diese Unterscheidung bezieht. Andererseits gibt es augenscheinlich unzählige experimentelle Prozeduren, die bei der Charakterisierung dieser Unterscheidung total versagen (beispielsweise hat Hill verschiedene Tests dieser Art ersonnen und ist zu dem Schluß gekommen – vgl. Hill (1961) –, daß sie keinen interessanten Sinn von ‚Grammatikalität' abgrenzen). Wenn ein operationaler Test vorgeschlagen wird, können wir seine Signifikanz überprüfen, indem wir ihn anwenden. Wenn er keine Signifikanz hat, kann er beiseite gelegt werden. Wenn er eine Signifikanz besitzt, was sich in der Tatsache zeigt, daß er auf irgendeine Weise dem Begriff entspricht, den er charakterisieren soll, können wir uns auf ihn stützen, um einige Belege für unklare Fälle zu gewinnen. Aber die intuitiv gegebene Unterscheidung wird dadurch nicht in Frage gestellt, daß irgendein Forscher nicht in der Lage ist, begründete Tests zu entwickeln, geradeso wie sie nicht durch seine Unfähigkeit, eine Theorie zu entwickeln – in diesem Fall eine generative Grammatik – die den intendierten Begriff charakterisiert, in Frage gestellt würde. Tests sind, ebenso wie Theorien, in diesem Zusammenhang nur insoweit von Interesse, als sie ein Licht auf die Kompetenz des Sprechers werfen. Es gibt übrigens keinen Grund anzunehmen, daß es feststände, daß irgendein einfaches, notwendiges und hinreichendes operationales Kriterium für einen theoretischen Begriff wie ‚Grammatikalität' gefunden werden kann, obwohl zu erwarten wäre, daß manche Aspekte dieses Begriffs indirekt durch operationale Tests geklärt werden können (z.B. durch solche der von Miller und Isard untersuchten Art).

9 Es ist eine nützliche Übung, die ungeheure Größe der Liste, die nötig wäre, abzuschätzen. Einige höchst vorsichtige Schätzungen, die jedoch ausreichen, um die völlige Absurdität zu zeigen, einen solchen Ansatz der Syntax zu verfolgen, finden sich in G. A. Miller, E. Galanter und K. H. Pribram (1960) und Miller und Chomsky (1963).

10 Interessanterweise kann man feststellen, daß Dixon, wie Uhlenbeck (siehe oben S. 17), die traditionelle Linguistik im wesentlichen für wertlos hält. Er nennt aber, wie Uhlenbeck, keine Gründe für dieses Urteil und verweist nur auf die Tatsache, daß traditionelle Grammatiken „von professionellen Linguisten schon lange verworfen wurden" (Dixon, 1963: 78). Dies trifft zwar zu, doch reicht die Bemerkung wohl kaum als Beweis in dieser Frage. Tatsache ist, daß die traditionelle Linguistik heutzutage wenig bekannt ist und daß, wo sie diskutiert wird, dies oft auf ganz entstellende und falsche Weise geschieht (vgl. die Hinweise in Chomsky (1964: 67) auf einige Bemerkungen Bloomfields zur traditionellen Sprachtheorie). Darüber hinaus stellt ein großer Teil der Kritik der traditionellen Grammatik nicht vielmehr dar als eine Reflexion der methodologischen Beschränkungen, die der Kritiker seiner eigenen Arbeit gesetzt hat. Beispiele gibt Chomsky (1964: 29-30, 108).

11 Diese Behauptung ist deshalb wichtig, weil sie mit den empirischen Annahmen völlig unverträglich scheint, die die Untersuchungen von Sprache und die Untersuchungen kognitiver Prozesse in neueren Zeiten beherrscht haben. Zur Erörterung siehe Chomsky (1965: Kap. 1 § 8) und die dort gegebenen Literaturhinweise; auch Katz (in Vorbereitung).

12 Z. B. Chomsky (1956; 1957; 1964), Katz und Postal (1964), Less (1957), Postal (1961; 1964a; 1964b).

13 Es gibt eine weitere und viel wichtigere empirische Motivation der Theorie der Phrasenstrukturgrammatik. Es hat nämlich den Anschein, daß die Phrasenstrukturgrammatik, obwohl die taxonomische Syntax inadäquat ist (d.h. obwohl die Behauptung (13II) richtig ist), in einer adäquateren Theorie, die entsprechend (13II) aufgebaut ist, eine fundamentale Rolle spielt.

14 Oder hier: der erforderliche Begriff der Oberflächenstruktur. Vgl. z.B. § 3 in Chomsky (1961).

15 Eine Ausnahme bildet der Fall der diskontinuierlichen Konstituenten, wie in den meisten Untersuchungen zu diesem Thema von Beginn an festgestellt worden ist. Wie jedoch auch herausgestellt worden ist, hat dies wenig mit dem Streit um (13II) zu tun, da die grundlegenden Einwände gegen die taxonomische Theorie nicht durch die Einführung von Mechanismen der einen oder anderen Art überwunden werden, die bestimmte Typen von Diskontinuitäten zulassen.

Es ist wichtig, sich darüber klar zu sein, was hier festgestellt wird. Festgestellt wird nämlich, daß eine Phrasenstrukturgrammatik, die die wirklichen linearen, zeitlich gegebenen Ketten von Elementen generiert, diesen Ketten nicht die erforderliche Tiefenstruktur (= Oberflächenstruktur in diesem Fall) zuordnet. Andererseits hat die Forschung zur Transformationsgrammatik immer angenommen, daß ein gut Teil dessen, was die Tiefenstruktur konstituiert, durch eine Phrasenstrukturgrammatik mit viel abstrakteren Funktionen geliefert wird, also einer, die nur zugrundeliegende Strukturen generiert, die durch grammatische Transformationen auf Sätze abgebildet werden. Neuere Untersuchungen (die im dritten Teil besprochen werden) lassen vermuten, daß tatsächlich die gesamte Menge grammatischer Relationen, die die Tiefenstruktur einschließt, durch ein System charakterisiert werden kann, das eine Phrasenstrukturgrammatik ist. Dieser Vorschlag muß deutlich vom Standpunkt der taxonomischen Syntax unterschieden werden.

16 Der Vergleich hinkt jedoch. Ein ‚erweiterter Pavian' kann in der Tat sprechen; es gibt aber wenig Grund anzunehmen, daß eine ‚erweiterte Phrasenstrukturgrammatik' die syntaktische Struktur beschreiben kann.

17 Genau genommen, gibt es einige Vorschläge; sie sind jedoch zu unbestimmt, um den Anforderungen zu genügen. Zum Beispiel wird auf S. 608 eine Definition der ‚transformationellen Beziehung zwischen Sätzen' vorgeschlagen, die so ungenau ist, daß sie nicht zwischen dem Paar 'John saw Bill' – 'Bill was seen by John' und 'John saw Bill' – 'John was seen by Bill' unterscheidet. Die entscheidenden Begriffe (z.B. grammatische Relation) werden überhaupt nicht erörtert. So wird eine Antwort auf die Frage nicht einmal angedeutet, wie die eine grammatische Relation, die die kursiv gedruckten Einheiten in den folgenden Sätzen verbindet, zu definieren ist: 'John *saw Bill*' (John sah Bill), 'John *reads books*' (John liest Bücher), '*Bill* was *seen* by John' (Bill wurde von John gesehen), '*Bill* is easy for John to find' (Bill ist für John leicht zu finden), 'John ordered *Bill* to be *examined*' (John befahl, Bill zu prüfen) '*the proposal* is expected to be *brought* to the floor' (es ist zu erwarten, daß der Vorschlag fallen gelassen wird), 'the *book reads easily*' (das Buch ist leicht zu lesen), etc.; es wird kein Hinweis darauf gegeben, wie die Tatsache auszudrücken ist, daß *Bill* und *buy* in den folgenden Sätzen auf die gleiche Weise verbunden sind: 'they like to buy presents for Bill' (sie kaufen gerne Geschenke für Bill), 'Bill is easy to buy presents for' (für Bill kann man leicht Geschenke kaufen), 'it is Bill that I like to buy presents for' (es ist Bill, für den ich gerne Geschenke kaufe), 'presents were bought for Bill' (es wurden Geschenke für Bill gekauft) etc.; es wird keine Methode vorgeschlagen, um die grammatischen Relationen auszudrücken, die die semantischen Interpretationen der in Kapital 1 genannten Beispiele determinieren, etc.. Kurz gesagt: keine der Fragen, die die Forschung zur transformationellen Syntax motiviert haben, wird angegangen.

18 Offensichtlich sind wir daran interessiert, eine Sprachtheorie zu entwickeln, die genau dem Bereich der formalen Mechanismen entspricht, die in einer natürlichen Sprache tatsächlich wirksam sind. Wenn die Ausdruckskraft einer Theorie zu schwach ist, um derartige Mechanismen zu fassen, oder so stark, daß sie Mechanismen umfaßt, die sich nicht in der natürlichen Sprache finden, zählt das als Mangel der Theorie. Wie wir im nächsten Kapitel sehen werden, zeigen frühere Versionen der Theorie der Transformationsgrammatik beide Arten von Mängeln, und es wäre kaum überraschend zu entdecken, daß auch die revidierte Version unter Mängeln beider Arten leidet. Die Frage ist natürlich eng mit der oben kurz berührten Frage der explanativen Adäquatheit verbunden.

19 Um dies am einfachsten Beispiel zu erläutern, betrachten wir eine Grammatik mit der einzigen Kategorie S und dem einzigen Wort X und mit den Regeln $S \rightarrow SSS$, $S \rightarrow X$. Die einzige grammatische Information ist in dieser Sprache dann, daß bestimmte Ketten von Xen zur Kategorie S gehören. Nehmen wir an, wir fügen der Grammatik einen grammatischen Prozeß P hinzu, der ein bestimmtes Vorkommen von X in Y umwandelt, wenn X durch ein Vorkommen von S, das in irgendeiner Expansion das am weitesten links stehende, und gleichzeitig durch ein Vorkommen von S, das in irgendeiner Expansion das am weitesten rechts stehende ist, dominiert wird. Obwohl dieser Prozeß sich nicht

als grammatische Transformation formulieren läßt, ist er in der erweiterten Phrasenstrukturgrammatik leicht auszudrücken, zum Beispiel, indem wir P als einen fakultativen Index des Anfangssymbols zulassen und das am weitesten links bzw. rechts stehende Vorkommen von S in der rekursiven Regel S →SSS mit L bzw. R indizieren. Um P auszudrücken, fügen wir dann einfach eine Regel hinzu, die X in Y verwandelt, wenn es die Indizes L, R und P hat.

20 Im besonderen gelten Postals Schlußfolgerungen für die erweiterte Phrasenstrukturgrammatik, da sie, ungeachtet ihres Reichtums an Ausdruckskraft, die schwache generative Adäquatheit der kontext-freien Grammatik besitzt. Um schwache generative Adäquatheit zu erreichen, muß die Theorie also auf die eine oder andere Weise erweitert werden, möglicherweise indem man zuläßt, daß Regeln im Hinblick auf den Kontext beschränkt werden. Der wichtige Punkt ist aber, daß eine solche Erweiterung der schwachen generativen Kapazität nicht die Mängel an deskriptiver Adäquatheit überwinden würde, geradeso wie die Erweiterung der kontext-freien Phrasenstrukturgrammatik zur kontextsensitiven Phrasenstrukturgrammatik nicht die linguistisch bedeutsamsten Fehler der Phrasenstrukturgrammatik beseitigt, wenngleich sie sehr wohl den Mangel an schwacher generativer Kapazität überwinden könnte.

21 Zur Diskussion vergleiche Chomsky (1956; 1957; 1963) und viele andere Arbeiten.

22 Ich möchte an dieser Stelle erwähnen, daß die jüngere Literatur viele Hinweise auf angeblich ebenso effektive oder sogar adäquatere Theorien enthält. Zum Beispiel behauptet Longacre (1963), daß die Ansätze von Harris, M. A. K. Halliday und K. L. Pike den Beschränkungen der Phrasenstrukturgrammatik entgingen und weit über die unmittelbare Konstituenten Analyse hinausgingen (vermutlich bezieht er sich hier auf die IC Analyse, wie sie von Harris, B. Bloch, R. Wells und anderen in den vierziger Jahren betrieben worden ist). Dies, behauptet er, „wird von den Kritikern der ‚Phrasenstruktur' Grammatiken hartnäckig übersehen, die wahllos unmittelbare Konstituenten Analysen und die neueren (und zufriedenstellenderen) Analysen in einen Topf werfen". Unglücklicherweise macht Longacre keinen Versuch, Belege zur Stützung seiner Behauptung zu liefern; er versucht beispielsweise nicht zu zeigen, wie die Kritiker der Phrasenstrukturgrammatik die Theorien, die er verteidigt, mißinterpretieren, indem sie sie innerhalb des Rahmens der Phrasenstrukturgrammatik formulieren. Was die Vorteile dieser neuen Theorien gegenüber der ‚altmodischen' IC Analyse angeht, so zeigt Postal in seinem unfassenden Überblick über den Gegenstand (Postal (1964a)) gerade das Gegenteil. Das heißt, er zeigt, daß jedenfalls die Theorien von Pike und Halliday (neben vielen anderen) eher mangelhafter als die in den vierziger Jahren ausgearbeiteten IC Theorien sind. Natürlich bezog er sich auf Material, das schwarz auf weiß vorliegt. Es ist zu bedauern, daß Longacre weder Belege noch Quellennachweise gibt, um zu zeigen, daß bei dieser Darstellung etwas Entscheidendes ausgelassen wurde. Viel weiter gehende Behauptungen stellt H. A. Gleason (1964) auf, der auf die Existenz einer Sprachtheorie hinweist (‘stratificational grammar’ genannt, aber scheinbar ganz verschieden von der einzigen veröffentlichten Version dieser Theorie, nämlich der, die, wie Postal (1964a) gezeigt hat, soweit sie wohl-definiert ist, eine Variante der kontextfreien Grammatik darstellt), die nicht nur den Beschränkungen der Phrasenstrukturgrammatik entgehe, sondern nachweislich auch der Transformationsgrammatik an deskriptiver Adäquatheit überlegen sei. Enttäuschenderweise

müssen wir indessen feststellen, daß Gleason kein sprachliches Material zur Stützung seiner vielen Behauptungen vorlegt, und mehr noch, daß er keinen Versuch unternimmt, auch nur einen allgemeinen Umriß des Ansatzes, für den er diese vielen Tugenden reklamiert, zu skizzieren, wenn er auch einen Teil der Terminologie aufführt, die erwartungsgemäß darin einen Platz finden soll. Einige dieser Termini werden erklärt, nämlich jene, die bloß neue Termini für vertraute Begriffe sind (z.B. ‚Phonon' für distinktives Merkmal); die übrigen sind, so weit dieser Aufsatz zeigt, ohne jeden Inhalt.

Kapitel 3

1 Genaue Definitionen der hier erwähnten Begriffe werden in Chomsky (1955) gegeben, und Beschreibungen von verschiedenem Grad an Informalität erscheinen immer wieder in der Fachliteratur. Im besonderen kann ein P-Marker als eine Menge von Ketten repräsentiert werden, und das ‚Produkt' zweier P-Marker ist dann das komplexe Produkt dieser beiden Mengen (d.h. die Menge aller Ketten XY dergestalt, daß X aus der ersten Menge ist und Y aus der zweiten).

2 Da ich dies lediglich als Grundlage weiter unten vorzuschlagender Revisionen vorlege, übergehe ich viele Details. Im besonderen lasse ich die Frage, wie das Auxiliarsystem zu beschreiben ist, völlig außer acht, und ich habe auch um der Einfachheit der Darlegung willen angenommen, daß jeder der Basis-P-Marker $B_1 - B_3$ einem Kernsatz zugrundeliegt. Tatsächlich ist dies nicht notwendig, und in den Transformationsgrammatiken, die in Chomsky (1955, 1957) und anderen vorgestellt werden, enthalten viele der Basisketten ‚Platzhaltersymbole' (dummy symbols) [z.B. *Comp* in dem Fall der Analyse solcher Sätze, wie (15)], die entweder getilgt werden, oder auf die eine oder andere Weise durch Satz-transformate ausgefüllt werden. Somit könnte B_1 ein Platzhaltersymbol als Objekt haben, B_2 könnte ein unspezifiziertes Subjekt haben, usw.. Ich nehme auch eine Analyse der Haupt- (Matrix-) Struktur an, die einfacher ist, als in früheren Arbeiten behauptet wurde. Die Gründe hierfür gehen über alles, was hier in Betracht gezogen wird, hinaus. Siehe P. Rosenbaum (1967), vgl auch die thematisch verwandte Erörterung in Chomsky (1965: Kap. 1, § 4). Ungenauerweise führe ich überall in der Beschreibung dieser Strukturen Sätze anstatt der abstrakten Ketten, die ihnen zugrundeliegen, als Beispiele an. Es darf nicht vergessen werden, daß dies nur ein Hilfsmittel der Darstellung ist.

3 Z. B. Harris (1952), (1954), (1957).

4 Die Diskrepanz zwischen den hier und an mehreren anderen Stellen aufgeführten Daten ist auf Veröffentlichungsverzögerungen zurückzuführen.

5 Die Termini ‚Matrixsatz' (matrix sentence) und ‚Teilsatz' (constituent sentence) stammen von Lees (1960); der Matrixsatz ist ein Satz, in den ein Teilsatz durch eine generalisierte Transformation eingesetzt wird. Derselbe Begriff erscheint in der Analyse der transformationellen Prozesse in der *Grammaire générale et raisonnée,* in der die Termini 'proposition essentielle' und 'proposition incidente' für ‚Matrixsatz' und ‚Teilsatz' verwendet werden. ‚Matrixproposition' und ‚Teilproposition' sind auf jeden Fall vorzuziehen, denn was hier involviert ist, ist keine Operation über Sätzen, sondern vielmehr über den abstrakten Strukturen, die ihnen zugrundeliegen und ihre semantische Interpretation determinieren. Auf diese Weise werden diese Operationen in der *Grammaire*

générale et raisonnée durchaus richtig interpretiert.
6 Hier ist eine Menge sehr allgemeiner Konventionen involviert, die die Wiederentdeckbarkeit der Tilgung in der Transformationskomponente einer Grammatik betreffen. Siehe hierzu auch Chomsky (1964, 1965), Katz & Postal (1964).
7 Übrigens sind an dieser Stelle nur Einbettungstransformationen betrachtet worden. Es muß ebenfalls gezeigt werden, wie verschiedene Transformationen, die zusammengesetzte Strukturen (z.B. Konjunktion) einführen, innerhalb dieses Rahmens entwickelt werden können. In Chomsky (1965) und in den Arbeiten, auf die dort verwiesen wird, finden sich einige Anmerkungen zu dieser Frage.
8 Obwohl diese Ansicht in allen Forschungsarbeiten der modernen Syntax-Theorie vertreten wurde, die über eine bloße Verfeinerung der Terminologie hinausgingen, wurde ihre Unrichtigkeit erst offenbar, als sie im Rahmen einer expliziten Grammatiktheorie formalisiert wurde. Ein entscheidender Grund für die Formalisierung und die Forderung nach Explizitheit ist ganz offensichtlich, daß durch sie Unzulänglichkeiten sofort offenbar werden, was andernfalls keineswegs sicher wäre.

Kapitel 4

1 Z. B. Halle (1959; 1962; 1964), Chomsky and Miller (1963), Chomsky (1964).
2 Eine andere Möglichkeit wäre es, den Terminus ‚phonologische Repräsentation' auf die Repräsentation zu beschränken, die wir an der Stelle der Ableitung haben, an der alle grammatischen Formative außer den Begrenzungssymbolen zugunsten von Matrizen eliminiert sind, so daß wir eine Kette phonologischer Matrizen und Begrenzungssymbole (die übrigens ebenfalls eine Merkmalsanalyse erforderlich machen) haben. Diese Repräsentation wird in Chomsky (1964), wo die hier zur Diskussion stehenden Themen sehr viel detaillierter ausgearbeitet werden, „systematisch phonemische Repräsentation" genannt.
3 Vgl. Lees (1960), Halle (1959), Chomsky (1964).
4 Technisch sollte die Umgebung folgendermaßen dargestellt werden: ‘ — CZ, wobei C ein beliebiger Konsonant ist und Z jedes Symbol außer h oder einem Begrenzungssymbol ist'.
5 Lambs Konventionen scheinen tatsächlich eine eingeschränkte Form der Merkmalstheorie bereitzustellen, in der ein Merkmal nicht unspezifiziert bleiben kann und in der in den Regeln nur auf einen der beiden möglichen Werte eines Merkmals direkt Bezug genommen werden kann. [– Stimmhaft] entspricht dem Vorhandensein von h, [+ Stimmhaft] seinem Fehlen. Aus welchem Grund das eine Merkmal Stimmhaftigkeit (in Lambs russischen Beispielen waren es tatsächlich Stimmhaftigkeit und Palatalisierung) für diese spezielle Behandlung ausgesondert werden sollte, ist unklar; eine Analyse der russischen Lautstruktur, die über dieses eine Beispiel hinausginge, würde zeigen, daß auch andere Merkmale auf diese Weise herausgezogen werden müssen. Eine solchermaßen eingeschränkte Form der Merkmalstheorie kann, ganz unabhängig von jeder Betrachtung der taxonomischen Phonemik, auf ihre eigenen

Vorteile hin untersucht werden, wenn sie in einer genügend klaren Form dargestellt wird.

6 In diesem Aufsatz haben wir keine indizierte Klammerung verwendet, um die hierarchische Struktur zu definieren, sondern vielmehr ein System abstrakter Verbindungen (junctures), die durch ganze Zahlen indiziert sind. In der Analyse werden keine lexikalischen Kategorien betrachtet und lediglich zwei Phrasenkategorien, nämlich Nomen und ‚alles andere'; diesen entsprachen die Verbindungen – beziehungsweise =. Somit würde die ganze indizierte Klammerung
$[_{NP}[_{Det}[_{N}\textit{John}]_{N}\textit{'s}]_{Det}[_{N}[_{N}[_{A}\textit{black}]_{A}[_{N}\textit{board}]_{N}]_{N}[_{N}[_{V}\textit{erase}]_{V}\textit{er}]_{N}]_{N}]_{NP}$
als *John's* = $_3$ *black* —— $_1$ *board* —— $_2$ *eraser* repräsentiert werden.

7 Ein System für die Aufzeichnung von Daten ist in einem gewissen, eingeschränkten Sinne selbst eine Theorie, insofern, als es eine Hypothese über das System der Unterscheidungen (und die Schärfe der Unterscheidungen) enthält, die repräsentiert werden müssen, um der Masse des Datenmaterials gerecht zu werden. So beruht bspw. das universelle phonetische Alphabet auf einer solchen Annahme über die Sprache im allgemeinen, geradeso wie beispielsweise die phonemische Analyse von Trager und Smith von der Annahme ausgeht, daß die tatsächliche phonetische Form für alle Dialekte des Englischen durch Regeln einer gewissen Art aus einer Repräsentation determiniert werden kann, die nicht mehr als vier Betonungsebenen, vier Ebenen der Tonhöhe usw. enthält.

8 Zur Erhärtung seiner Kritik an unserer Arbeit, die sich gegen die Ablahnung des Gebrauchs von Auffindungsverfahren richtet, bringt Marckwardt lediglich das folgende Zitat von Trager und Smith vor: „Die Anwendung dessen (d.h. die Repräsentation einer Äußerung in Form von Betonungsebenen, phonetisch nachweisbaren Verbindungen usw.) auf das Problem der Determination unmittelbarer Konstituenten liegt auf der Hand."

9 Ich behaupte nicht, daß diese Aussage in dieser strengen Form zutrifft, sondern nur, daß eine derartige Schlußfolgerung mit dem, was wir entdeckt und dargestellt haben, nicht inkompatibel ist. In der Tat erscheint es keineswegs unwahrscheinlich, daß eine derartige Behauptung korrekt ist – das heißt, daß das, was der Phonetiker ‚hört', zum großen Teil eine Reflexion dessen ist, was er weiß, und nicht genau das, was in dem physikalischen Signal selbst präsent ist. Eine solche Schlußfolgerung würde Psychologen oder akustische Phonetiker kaum überraschen, und sie steht mit dem Wenigen, was in der Linguistik über die Natur der phonetischen Repräsentation bekannt ist, völlig in Einklang.

10 Es lohnt sich, auf diesen Punkt einzugehen. Unsere Theorie der englischen Betonung ist mit der Annahme vereinbar, daß die einzige ‚funktionale' Unterscheidung eine Differenzierung der relativen Betontheit ist – zum Beispiel die Differenzierung, durch die 'black bird' von 'blackbird' unterschieden wird. Wir haben gezeigt, daß diese einzige Differenzierung (die selbst in vielen syntaktischen Kontexten voraussagbar ist, obwohl sie vom Kontext isoliert natürlich nicht voraussagbar ist) ausreicht, um, gegeben die Fakten der syntaktischen Organisation und das Prinzip des transformationellen Zyklus, eine große Menge gut belegter Betonungskonturen mit vielen Ebenen zu erbringen. Wir würden folglich erwarten, daß diese vielschichtigen Konturen vom Phonetiker gehört werden, ob sie nun physikalisch begründet sind oder nicht, da er als natürlicher Sprecher die Differenzierung, die er transskribiert, versteht. Die Frage der akustischen Realität dieser gut belegten Konturen (deren per-

zeptuelle Faktizität wir nicht in Frage stellen) verdient eine sehr viel gründlichere Untersuchung. Siehe Liebermann (1965) für Belege, die diese Frage betreffen.

II. Herman Parret: Interview mit Noam Chomsky

1 N. Chomsky: *Syntactic Structures,* Den Haag, 1957; deutsch: *Strukturen der Syntax,* Den Haag, 1973
2 N. Chomsky: *The Logical Structure of Linguistic Theory,* M.I.T., Cambridge, Mass. (unveröffentlicht, Mikrofilm), 1955
3 N. Chomsky: *Cartesian Linguistics,* New York, 1966 deutsch: *Cartesianische Linguistik. Ein Kapitel in der Geschichte des Rationalismus,* Tübingen, 1971.
4 G. de Cordemoy: *Discours physique de la parole,* 1666, 2. Auflage, 1677, englische Übersetzung 1668.
5 C. S. Peirce: *"The Logic of Abduction",* in: V. Thomas: *Peirce's Essays in the Philosophy of Science,* New York, 1957; s. auch K. T. Fann: *Peirce's Theory of Abduction,* Den Haag, 1970.
6 J. Searle: *Chomsky's Revolution in Linguistics,* in: *The New York Review of Books,* XVIII, 1972, Nr. 12, S. 16-24.
7 Aus: *Syntactic Structures,* a. a. O., S. 101-103; deutsch: *Strukturen der Syntax,* a. a., S. 119-121 passim.
8 *Aspects of the Theory of Syntax,* Cambridge, Mass., 1965, S. 159; deutsch: *Aspekte der Syntaxtheorie,* Frankfurt, 1959, S. 201.
9 Aus: N. Chomsky: *Current Issues in Linguistic Theory,* Den Haag, 1964, S. 51-52
10 Vgl. *'Aspects'* und weitere Ausführungen in: N. Chomsky: *Problems of Knowledge and Freedom,* London, 1971, und andere Arbeiten.
11 Vgl. J. J. Katz: *The Philosophy of Language,* New York, London, 1966; deutsch: *Philosophie der Sprache,* Frankfurt, 1969; ders.: *The Underlying Reality of Language,* New York-Evanstone, 1971; ders.: *Semantic Theory,* New York-Evanstone, 1972.
12 Vgl. *Cartesian Linguistics,* a. a. O. und *Language and Mind,* erweiterte Fassung, New York, 1971; deutsch: *Sprache und Geist,* Frankfurt, 1970.
13 David Hume: *An Enquiry Concerning Human Understanding,* in L. A. Selby Biggs, Hrsg.: *Enquiries Concerning the Human Understanding and Concerning the Principles of Morals by David Hume,* Oxford, 2. Auflage, 1902, S. 14; deutsch: David Hume: *Eine Untersuchung über den menschlichen Verstand,* Hamburg, 1964, S. 14.
14 Z. B. H. Putman: *"The Innateness Hypothesis and Explanatory Models in Linguistics",* in: *Synthese,* 17, 1967, S. 12-22.
15 *Cartesianische Linguistik,* a. a. O., S. 47
16 Z. B. auch: *Current Issues in Linguistic Theory, Aspects* und spätere Arbeiten.
17 Vgl. *Problems of Knowledge and Freedom,* a. a. O., S. 17.
18 *Aspekte,* a. a. O., Teil 1: Methodologische Vorüberlegungen, S. 13-83.
19 W. V. O. Quine: *Word and Object,* Cambridge, Mass., 1960, S. 5 ff., 10-13, 81-85.

20 *Cartesianische Linguistik*, a. a. O., S. 25 ff.
21 *Aspekte*, a. a. O., Kap. I., § 8.
22 *Hume*, deutsche Ausgabe, a. a. O., S. 14.
23 ‚*Aspekte*', a. a. O., S. 78.
24 Z. B. *Current Issues in Linguistic Theory*, a. a. O., S. 28.
25 Z. Harris: *Methods in Structural Linguistics*, Chicago, 1951, S. 365-366.
26 N. Chomsky: *Morphophonemics of Modern Hebrew*, University of Pennsylvania, Philadelphia, 1951 (vervielfältigte M.A.-Arbeit)
27 Vgl. Anmerkung 2
28 N. Chomsky: *Studies on Semantics in Generative Grammar*, Den Haag, 1972.
29 J. J. Katz und P. M. Postal: *An Integrated Theory of Linguistic Descriptions*, Mass., 1964.
30 J. J. Katz: *Semantic Theory*, New York-Evanstone, 1972.
31 R. S. Jackendoff: *Semantic Interpretation in Generative Grammar*, Cambridge, Mass., 1972.
32 Vgl. Anmerkung 28
33 Vgl. z.B. T. G. Bever: *"The Cognitive Basis for Linguistic Structures"*, in: J. R. Hayes: *Cognition and the Development of Language*, New York, London, 1970, S. 279-352.
34 N. Halle / N. Chomsky: *Sound Pattern of English*, New York, 1968.
35 E. Bach: *"On Some Recurrent Types of Transformations"*, in: W. Kreidler: *Sixteenth Annual Round Table Meeting on Linguistics and Language Studies*, Georgetown U. Monograph Series in Languages and Linguistics, 18, 1965; ders.: Questions, in: *Linguistic Inquiry*, 2, 1971, S. 153-166.
36 J. Ross: *Constraints on Variables in Syntax*, M.I.T., Cambridge, Mass., 1967, unveröffentlichte Dissertation.
37 J. Emonds: *Root and Structure Preserving Transformations*, M.I.T., Cambridge, Mass., 1970, unveröffentlichte Dissertation.
38 Vgl. Anmerkung 28
39 ‚*Aspekte*', a. a. O., S. 21-28.
40 Vgl. Anmerkung 28
41 *Language and Mind*, a. a. O.
42 Z. B. *Problems of Knowledge and Freedom*, a. a. O.
43 Vgl. Anmerkung 6
44 H. P. Grice: *The Logic of Conversation*, University of California, Berkeley, 1968, unveröffentlichte Schrift.
45 Vgl. Anmerkung 33
46 *'Aspects'*, a. a. O., S. 11 und S. 225; deutsch: ‚*Aspekte*', a. a. O., S. 23 und S. 279.
47 *Studies on Semantics in Generative Grammar*, a. a. O., Kap. II.
48 siehe *"Discussing Language"*, die Gespräche mit J. McCawley und G. Lakoff, demnächst bei Mouton, hrsg. von Herman Parret.
49 S. Peters (Hrsg.): *Goals of Linguistic Theory*, Englewood Cliffs, 1972.
50 Vgl. im Text des Interviews hier S. 87.
51 Vgl. z.B. *Problems of Knowledge and Freedom*, a. a. O., S. 27-32.
52 G. A. Miller und N. Chomsky: *"Finitary Models of Language Users"*, in: R. D. Luce, R. R. Bush und E. Galanter (Hrsg.): *Handbook of Mathematical Psychology*, New York, 1963.

53 N. Chomsky: "*Conditions on Transformations*", in: Stephen R. Anderson und Paul Kiparski, (Hrsg.): *A Festschrift for Morris Halle,* Holex, Rinehart and Winston, Inc., New York, 1973.
54 Vgl. Anmerkung 33
55 Vgl. Anmerkung 6
56 Dell Hymes: Rev. of J. Lyons: *Noam Chomsky,* New York, 1970, in: *Language,* 48, 1972, S. 416-427.

III. Bibliographie

Die Bibliographie verzeichnet die von N. Chomsky in den *Topics* angegebene Literatur.

Chomsky, N. (1955): *The logical structure of linguistic theory.* Ungedrucktes Manuskript, Mikrofilm, M.I.T. Library, Cambridge, Mass.

– (1956): "Three models for the description of language", *I.R.E. Transactions on Information Theory* Vol IT-2/3, pp. 113-124. Abdruck mit Korrekturen in *Readings in mathematical psychology,* Vol. II, (Hrsg.) R. D. Luce, R. Bush und E. Galanter, New York, 1965.

– (1957): *Syntactic Structures,* The Hague (deutsch: (1973) *Syntaktische Strukturen,* Den Haag)

– (1961): "On the notion 'rule of grammar' ". In *Structure of language and its mathematical aspects. Proceedings of the 12th Symposium in Applied Mathematics,* (Hrsg.) R. Jakobson, pp. 6-24, Providence. Abgedruckt in Fodor und Katz (1964) pp. 119-136

– (1962a): "A transformational approach to syntax". In *Third (1958) Texas conference on problems of linguistic analysis in English,* (Hrsg.) A. A. Hill, pp. 124-158, Austin. Abgedruckt in Fodor und Katz (1964) pp. 211-245.

– (1962b): "Explanatory models in linguistics", in *Logic, methology, and philosophy of science,* (Hrsg.) E. Nagel, P. Suppes und A. Tarski, pp. 528-550, Stanford

– (1964): *Current issues in linguistic theory,* The Hague. Eine leicht veränderte Fassung erschien in Fodor und Katz (1964) pp. 50-118. Diese Abhandlung ist eine revidierte und erweiterte Version von "The logical basis of linguistic Theory" Ninth International Congress of Linguists, Mass., und wurde veröffentlicht in *The Proceedings of the Ninth International Congress of Linguists,* (Hrsg.) H. Lunt (The Hague, 1964) und in einer früheren Version in den *Preprints* des Kongresses (Cambridge, Mass. 1962).

– (1965): *Aspects of the theory of syntax,* Cambridge, Mass. (deutsch: (1969) *Aspekte der Syntax - Theorie,* Frankfurt/M.)

– (1966): *Cartesian Linguistics,* New York (deutsch: (1971) Cartesianische Linguistik, Tübingen)

– und M. Halle (1965): "Some controversial questions in phonological theory", *Journal of Linguistics,* 1, pp. 97-138

–, M. Halle und F. Lukoff (1956): "On accent and juncture in English", in *For Roman Jakobson,* (Hrsg.) M. Halle, H. Lunt und H. MacLean pp. 65-80, The Hague

– und G. A. Miller (1963): "Introductions to the formal analysis of natural languages", in *Handbook of mathematical psychology,* Vol. II, (Hrsg.) R. D. Luce, R. Bush und E. Galanter, New York

Dixon, R. M. W. (1963): *Linguistic science and logic,* The Hague

– (1964): " 'A trend in semantics': a rejoinder", *Linguistics,* 4, pp.14-18

Ferguson, C. A. (1962): Review of M. Halle *The sound pattern of Russian* (1959), in *Language,* 38, pp. 284-297

Fillmore, C. J. (1963): "The position of embedding transformations in a grammar", *Word,* 19, pp. 208-231

Fodor, J. A. und J. J. Katz (1964): *The structure of language: readings in the philosophy of language*, Englewood Cliffs, N. J.
Gleason, H. A. (1964): "The organization of language: a stratificational view", in *Report of the Fifteenth Annual (First International) Round Table Meeting on Linguistics and Language Studies. Monograph Series on Languages and Linguistics*, (hrsg.) C. I. J. M. Stuart 17
Halle, M. (1959): *The sound pattern of Russian*, The Hague
— (1962): "Phonology in a generative grammar", *Word*, 18, pp. 54-72. Abgedruckt in Fodor und Katz (1964) pp. 334-354
— (1964): "On the bases of phonology", in Fodor und Katz (1964) pp. 324-333
— und N. Chomsky (1960): "The morphophonemics of English", *Quarterly Progress Report*, No. 58, Research Laboratory of Electronics, M.I.T., pp. 275-281, Cambridge, Mass.
Harman, G. H. (1963): "Generative grammars without transformation rules: a defense of phrase structure", *Language*, 39, pp. 597-616
Harris, Z. S. (1952): "Discourse Analysis", *Language*, 28, pp. 18-23. Abgedruckt in Fodor und Katz (1964) pp. 33-49
— (1954): "Distributional structure", *Word*, 10, pp. 146-162
— (1957): "Co-occurence and transformation in linguistic structure", *Language*, 33, pp. 283-340. Abgedruckt in Fodor und Katz (1964) pp. 155-210
Hill, A. A. (1958): *Introduction to linguistic structures: from sound to sentence in English*, New York
— (1961): "Grammaticality", *Word*, 17, pp. 1-10
— (1962): (hrsg.) *Second (1957) Texas Conference on problems of linguistic analysis in English*, Austin
Hockett, C. F. (1958): *A course in modern linguistics*, New York
Householder, F. W. jr. (1965): "On some recent claims in phonological theory", *Journal of Linguistics*, 1, pp. 13-34
Jakobson, R., G. Fant und M. Halle (1952): *Preliminaries to speech analysis*, Cambridge, Mass.
Jespersen, O. (1924): *Philosophy of grammar*, London
Katz, J. J. (in Vorbereitung): *Innate Ideas*
— und J. A. Fodor (1963): "The structure of a semantic theory", *Language*, 39, pp. 479-518. Abgedruckt in Fodor und Katz (1964) pp. 479-518 (deutsch: (1970) *Die Struktur einer semantischen Theorie*, in (Hrsg.) H. Steger: *Vorschläge für eine strukturale* Grammatik des Deutschen, Darmstadt)
— und P. Postal (1964): *An integrated theory of linguistic description*, Cambridge, Mass.
Klima, E. S. (1964): "Negation in English", in Fodor und Katz (1964) pp. 246-323
Lees, R. B. (1957): Review of N. Chomsky, *Syntactic Structures* (1957), in *Language*, 33, pp. 375-408
— (1960): *The grammar of English nominalizations*, Bloomington, Ind.
Liebermann, P. (1965): "On the acoustic basis of the perception of intonation by linguists", *Word*, 21, pp. 40-54
Longacre, R. E. (1963): Review of Z. S. Harris, *String analysis of sentenxe structure* (The Hague, 1962), in *Language*, 39, pp.473-477.

Lunt, H. (1964): (hrsg.) *Proceedings of the Ninth International Congress of Linguists,* The Hague

Marckwardt (1962): " 'On accent and juncture in English' – a critique", in *Second (1957) Texas Conference on problems of linguistic analysis in English,* (Hrsg.) A. A. Hill pp. 87-93

Miller, G. A. und N. Chomsky (1963): "Finitary models of language users", *Journal of Verbal Learning and Verbal Behavior,* 2, pp. 217-228

Postal, P. M. (1961): "On the limitations of context-free phrase structure description", *Quaterly Progress Report,* No. 64, Research Laboratory of Electronics, M.I.T., pp. 231-237, Cambridge, Mass.

– (1964a): *Constituent structure: a study of contemporary models of syntactic description,* Bloomington, Ind. und The Hague

– (1964b): "Limitations of phrase structure grammars", in Fodor und Katz (1964) pp. 137-151

Reichling, A. (1961): "Principles and methods of syntax: cryptanalytical formalism", *Lingua,* 10, pp. 1-17

Rosenbaum, P. (1967): *A grammar of English Predicate Complement constructions,* Cambridge, Mass.

Uhlenbeck, E. M. (1963): "An appraisal of transformation theory", *Lingua,* 12, pp. 1-18

Wittgenstein, L. (1953): *Philosophical Investigations,* Oxford